KB209833

있는 그대로 마다가스카르

일러두기

- 마다가스카르의 영어 형용사는 말라가시(Malagasy)로, 마다가스카르 사람과 마다가스카르 언어를 모두 의미합니다. 이 책에서는 마다가스카르 언어를 말라가시어로 표현했습니다.
- 마다가스카르의 도시는 이름이 두 개인 경우가 많습니다. 원래 말라가시어 이름이 있었으나 프랑스 식민지 때 프랑스식 이름이 붙여졌고, 독립 이후 식민 잔재 청산과 민족주의 고취를 위해 원래 이름으로 돌린 경우가 종종 있기 때문입니다. 지금까지 마다가스카르 사람들조차 공식적인 말라가시어 이름보다는 오랫동안 사용해 온 프랑스식 이름을 더 많이 사용하기는 하지만 이 책에서는 공식적인 이름을 사용하는 것을 원칙으로 했습니다. 다만 마다가스카르의 수도 안타나나리보는 현지에서 주로 사용하는 '타나'라는 약칭을 사용했습니다.
- 인명의 경우 전체 이름으로 표기하는 것을 원칙으로 하고, 통용되는 약어가 있을 경우에는 약어로 표기했습니다. 인명, 지명 등 고유명사는 현지 발음에 가깝게 표기했습니다.
- 책에 실린 사진 중 별도 출처 표기를 하지 않은 사진은 전 주마다가스카르대한민국 대사 임상우 님의 사진입니다.

있는 그대로 마다가스카르

김민선 지음

추천사

임상우, 주마다가스카르 대한민국 초대 대사

누구나 한 번쯤은 아무도 가보지 못한 곳으로 훌쩍 떠나보는 상상을 한 적 있을 것이다. 마다가스카르는 미지의 세계 대명사와도 같다. 상상 속에서만 존재할 것 같은 마다가스카르. 2018년 대한민국 초대 대사로 발령받아 실제로 살아본 그곳은 경이로움과 애틋함이 동시에 느껴지는 나라였다.

이곳에는 바오밥 나무 사이로 여우원숭이가 춤추듯이 돌아다니고, 쥐라기 시대의 기괴한 암석들이 장관을 이루며, 세상에서 가장 아름다운 푸른 에메랄드빛 해변이 펼쳐져 있다. 이러한 천혜의 자연환경을 가지고 있지만 1인당 국민 소득이 500달러대에 불과한 최빈국 중 하나라는 것 또한 마다가스카르의 현실이다. 사회주의 정책의 실패와 정치적 불안정으로 경제 발전이 지체되었고, 현재도 그 영향이 남아있기 때문이다.

약 1,500년 전 인도네시아에서 건너온 것으로 알려진 마다가스카르 사람들은 스스로를 '아프리카의 아시아'라고 한다. 이들은 우리와 비슷한 점이 많다. 쌀을 주식으로 삼으며 상에

국이 빠지지 않고, 식사 후에는 숭늉으로 입가심한다. 또한 마다가스카르 고유 언어인 말라가시어에는 존댓말이 존재하며 조상 숭배 사상이 사회 전반에 뿌리 박혀 있다.

이처럼 비슷한 생활 습관과 문화를 지닌 마다가스카스 사람들은 초대 한국 대사에게 많은 관심을 보였다. 이들은 민주주의와 경제 발전을 동시에 이룬 한국을 본받고, 한국의 도움을 받아 마다가스카르도 발전의 길로 나아가기를 바랐다. 마다가스카르 젊은이들 또한 한국에 관해 잘 알고 있었다. K-팝과 K-드라마는 물론 한국어에도 관심이 뜨거웠다.

하지만 한국에는 마다가스카르에 대한 정보가 부족한 실정이다. 부임하기 전에 마다가스카르에 관해 공부하고자 했으나 마다가스카르를 전반적으로 소개하는 한국어책은 찾아보기 힘들었다.

《있는 그대로 마다가스카르》는 마다가스카르의 신비로운 자연뿐만 아니라 이 나라의 정치, 경제, 역사, 문화 등도 누구나 쉽게 이해할 수 있도록 소개하는 책이다. 아울러 이 책은 마다가스카르를 넘어 아프리카를 비롯한 세계 곳곳에서 지금까지 저발전에 벗어나지 못하고 있는 국가들을 위해 인류애적인 관점에서 우리가 무엇을 해야 할지에 관해서도 다시 한번 생각하게 만든다.

프롤로그

바오밥나무와 여우원숭이 그리고 아름다운 사람이 있는 곳

"마다가스카르를 아시나요?"

이 질문에 "남아프리카 오른쪽에 있는 섬나라 아닌가요?"라고 대답한다면 당신은 지리 덕후 인증. 대부분은 애니메이션을 먼저 떠올릴 것이다. 거기에서 "I like to move it move it!"을 유쾌하게 외치며 춤을 추는 여우원숭이가 사는 곳이 바로 마다가스카르이다.

우리가 아프리카 하면 떠올리는 사자, 코끼리, 하마, 얼룩말은 마다가스카르에 살지 않는다. 물론 펭귄도 없다. 대신 마다가스카르의 상징인 바오밥나무를 만날 수 있다. 《어린 왕자》에 나오는, 소행성을 터뜨릴 수 있는 그 나무이다. 처음에는 장미나무처럼 보이지만 나중에는 교회당만큼 커져 코끼리 한 부대를 몰고 와도 당해낼 수 없다는 바로 그 나무를 가장 많이 볼 수 있는 곳이 마다가스카르이다.

이렇게 아름다운 동식물로 가득한 생물 다양성의 보고 마다가스카르는 1960년 프랑스로부터 독립한 이후 오랫동안 정치적 불안정과 절대 빈곤에 시달려왔다. 2019년 민주 선거를 통해 당선된 안드리 라조엘리나*Andry Rajoelina* 대통령이 취임하며 본격적인 경제 발전에 매진하려 했으나 코로나19 팬데믹으로 각종 사회 지표가 크게 후퇴했고, 사이클론이 지나가는 자리에 위치한 섬나라라서 최근에는 기후 변화의 영향으로 북부에는 홍수가, 남부에는 가뭄이 반복되는 자연재해에 시달리고 있다.

그럼에도 마다가스카르 사람들은 늘 긍정적이고 유쾌한 삶의 태도를 가지고 있다. 이는 내가 만난 마다가스카르 사람들에게서 느낀 점일 뿐만 아니라 여러 나라를 거쳐온 외교관들, 한국인 사업가나 선교사 같은 외국인들이 공통으로 하는 이야기이다.

"사람들이 기본적으로 성실하고 순박해요. 손재주도 좋고요. 각종 자원이 풍부한 나라라서 안정되고 좋은 정책이 나오면 분명히 발전 가능성이 큽니다."

아프리카라고 했을 때 일반적으로 떠올리는 모습과 달리 마다가스카르는 인종적으로 아시아계가 주류를 이루고 쌀을 주

● 타나 북동쪽 안조조로비국립공원 가는 길에 펼쳐진 논 풍경

식으로 한다. 게다가 수도인 안타나나리보*Antananarivo*(줄여서 '타나'라고 부른다)는 날씨가 온화해 한국인이 정착하기에 의외로 어렵지 않다.

이 책은 내가 마다가스카르 초대 대사로 발령받은 남편과 두 아이와 함께 2018년 2월부터 2020년 3월까지 마다가스카르에서 생활하며 겪은 경험을 담고 있다. 그중 1년은 유니세프 마다가스카르 사무소에서 근무하며 얻은 직간접적인 체험을 바탕으로 했다. 20년 넘게 외교관으로 지내며 선진국(미국, 스위스)과 개발도상국(브라질, 마다가스카르, 인도)에서 고루 살아

본 경험 중 마다가스카르는 가장 가난한 나라였지만 돌이켜볼 때 가장 큰 미소를 짓게 하는 나라였다.

마다가스카르에서 오래전부터 자리 잡고 생활하는 교민분들이나 아프리카를 연구하는 전공자들에 비하면 턱없이 부족한 지식이지만 우리나라에 잘 알려지지 않은 이 나라를 더 많은 분께 소개하고 싶다는 마음에 책을 쓰게 되었다.

신비로우면서도 가까이 다가가면 너무나 친근하게 느껴지는 마다가스카르로 여러분을 안내합니다~.

차 례

2부 마다가스카르 사람들의 이모저모

3부 역사로 보는 마다가스카르

4부 문화로 보는 마다가스카르

5부 여기를 가면 마다가스카르가 보인다

퀴즈로 만나는 마다가스카르

퀴즈를 통해 마다가스카르를 먼저 알아보자.
정답을 맞히지 못하더라도 퀴즈를 풀다 보면
마다가스카르에 대한 호기심이 조금씩 생길 것이다.

“

Q1.

마다가스카르는 세계에서
몇 번째로 큰 섬일까요?

”

Answer. 네 번째

마다가스카르의 면적은 58만 6,884제곱킬로미터로 한반도의 약 세 배이며, 프랑스 본토보다 약간 크다. 아프리카 대륙의 동남쪽, 인도양에 있는 섬나라로 모잠비크와 약 400킬로미터 거리를 두고 마주 보고 있다. 오스트레일리아를 대륙으로 본다면 그린란드, 뉴기니섬, 보르네오섬에 이어 세계에서 네 번째로 큰 섬이다.

● 하늘에서 찍은 마다가스카르

Q2.

《어린 왕자》를 통해 우리에게 친숙한 나무로 마다가스카르를 대표하는 나무는 무엇일까요?

❶ 바오밥나무 ❷ 반얀트리
❸ 유칼립투스나무 ❹ 메타세콰이어나무

Answer. ① 바오밥나무

바오밥나무는 아다소니아 속에 속하는 나무들의 총칭으로, 작게는 5미터에서 크게는 30미터까지 자란다. 모두 8종이 있는데 1종은 오스트레일리아, 다른 1종은 아프리카 대륙과 아라비아반도, 인도에서 볼 수 있으며, 나머지 6종은 모두 마다가스카르 고유종이다. 나무뿌리를 연상케 하는 가지와 사람 몇 명이 손을 맞잡아야 둘러쌀 수 있는 두꺼운 줄기가 인상적이다.

● 가장 대표적인 바오밥나무인 그랑디디에바오밥나무

“

Q3.

마다가스카르에서 프랑스어와 함께
공용어로 지정된 언어로, 아프리카 대륙
다른 나라의 언어와 상이한
마다가스카르 고유의 언어는
무엇일까요?

”

Answer. 말라가시어

마다가스카르는 18개의 부족으로 이루어져 있지만 언어는 공통으로 말라가시어를 사용한다. 다만 지방에 따라 방언이 존재하며 로마자 알파벳을 사용해 표기한다. 프랑스 식민지였던 영향으로 교육 현장, 공문서 작성 시 프랑스어를 사용하는 등 프랑스어를 공용어로 같이 사용한다. 사회 엘리트층은 프랑스어를 모국어처럼 사용하지만 일반 국민들은 프랑스어를 유창하게 구사하는 이가 많지 않아 국가 개발을 저해하는 요인이 되고 있다.

● 말라가시어 교재

“

Q4.

제국주의 시대 영국과 프랑스는
마다가스카르를 영향권 아래 두기 위해
서로 경쟁했지만 이 운하가 개통되면서
영국은 마다가스카르에 관심을 잃고
프랑스가 주도권을 잡게 됩니다.
이 운하는 무엇일까요?

❶ 수에즈 운하 ❷ 파나마 운하 ❸ 코린토스 운하

”

Answer. ❶ 수에즈 운하

영국에게 마다가스카르가 중요했던 가장 큰 이유는 마다가스카르가 기존 식민지인 남아프리카공화국을 거쳐 인도로 가는 길목에 있었기 때문이었다. 그러나 1860년에 개통된 수에즈 운하를 건너 지중해에서 직접 인도로 가는 것이 가능해지자 영국에게 마다가스카르는 효용 가치가 떨어졌다. 결국 영국과 프랑스는 잔지바르에서 영국의 영향력을, 마다가스카르에서 프랑스의 영향력을 각각 인정하는 조약을 체결했다.

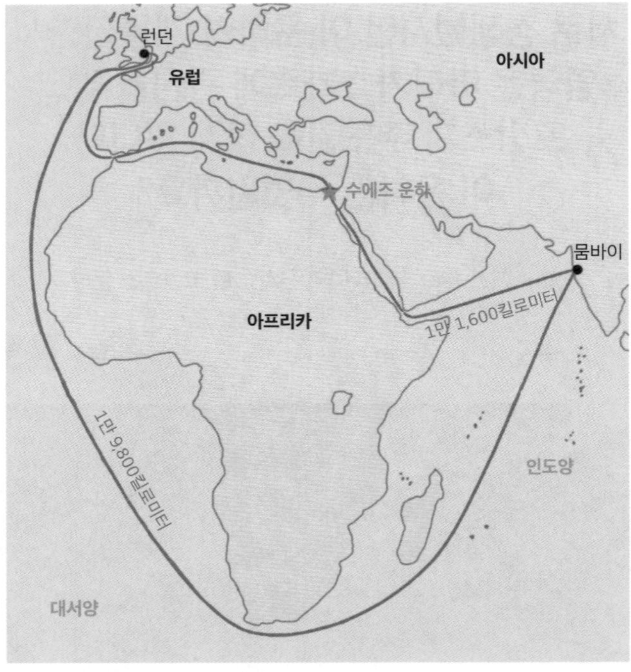

● 수에즈 운하 건설 전후 인도로 가는 길

“

Q5.

마다가스카르 전통 장례 관습에는
가족묘에 안치한 시신을 몇 년 후에 꺼내
유골을 정리하고 새 비단 천으로 싼 후
이를 머리 위로 들고 마을을 행진하는
관습이 있습니다.
이 관습을 무엇이라고 할까요?

”

Answer. 파마디하나

마다가스카르의 전통 장례 관습에는 '파마디하나*famadihana*'라는 문화가 있다. 이 의식은 사망 후 몇 년이 지나 시신이 완전히 부패해서 뼈만 남게 되었을 때 알맞은 의식을 치러야 죽은 자의 영혼이 조상들의 세상에 들어갈 수 있다는 믿음에 근거하고 있다.

● 파마디하나

1부

뚱가 쑤아! 마다가스카르

"하늘 아래 모두는 서로 짜여진 커다란 돗자리와 같다."

마다가스카르의 면적은 58만 6,884제곱킬로미터로, 한반도의 약 세 배에 달하며 프랑스 본토보다 약간 큰 섬나라이다. 아프리카 대륙의 동남쪽 인도양에 자리 잡고 있으며 모잠비크와 약 400킬로미터 떨어진 거리에서 마주 보고 있다. 오스트레일리아를 대륙으로 본다면 그린란드, 뉴기니섬, 보르네오섬에 이어 세계에서 네 번째로 큰 섬이다.

마다가스카르섬은 어떻게 만들어졌나

마다가스카르섬이 어떻게 형성되었는지에 대해서는 여러

가지 가설이 있으나 아직 완벽히 규명된 설명은 없다. 19세기 중반까지 제기된 이론 중 하나는 마다가스카르가 아프리카, 아시아, 오스트레일리아를 잇는 거대한 대륙 '레무리아*Lemuria*'의 일부였다는 '초대륙 가설'이다. 여우원숭이와 비슷하게 생긴 포토, 부시베이비, 로리스 등이 아프리카와 아시아에서 발견된다는 점이 이 가설을 뒷받침하고 있다. 하지만 레무리아 대륙에서 왜 마다가스카르만 남았는지는 설명하지 못한다.

1915년 독일의 지구물리학자 알프레트 베게너*Alfred Wegener*가 '대륙이동설'을 발표했다. 이에 따르면 지구는 약 2억 년 전 하나의 거대한 대륙인 '판게아*Pangaea*'에서 시작되었으며 판게아가 북반구의 로라시아와 남반구의 곤드와나 대륙으로 갈라진 후 곤드와나는 다시 남극, 아프리카 대륙, 마다가스카르, 오스트레일리아, 인도, 남아메리카로 분화되었다고 한다. 처음 발표되었을 당시 과학계에서 배척당했던 이 학설은 대륙 아래에 있는 '판'이 움직인다는 '판 구조론'으로 발전해 현재 가장 유력한 학설로 인정받고 있다.

이 학설에 따르면 마다가스카르는 약 1억 8,000만 년 전 아프리카에서 떨어져 나와 1억 4,000만 년 전에는 오스트레일리아와, 9,000만 년 전에는 인도와 분리되었다. 마다가스카르의 서해안이 모잠비크의 동해안에서 떨어져 나온 듯 딱 들어맞는다는 것, 남미에 주로 서식하는 보아뱀이 마다가스카르에서도 발견된다는 것, 여우원숭이와 비슷한 로리스가 인도에서 발견된다는 것 등이 이 이론을 뒷받침한다. 약 4,000만 년 전에는 아프리카 본토에서 마다가스카르로 동물들이 자연 표류해 건너오는 것이 불가능하게 되었다. 동시에 마다가스카르에 살던 동식물이 절멸하는 등 섬 내에 독자적인 생태계가 형성되었다.

중위 연령 21세의 젊은 인구

마다가스카르의 인구는 2024년 기준 약 2,950만 명으로 세계 53위이다. 중위 연령•은 21세로, 우리나라의 중위 연령인 45세와 비교하면 매우 젊은 인구 구조라 할 수 있다. 여성 1인당 출산율은 3.6명으로 1명이 채 되지 않는 우리나라와 비교하면 상당히 높은 수치이다.• 하지만 열악한 보건 환경으로 평균 수명은 66세•에 불과하다.

마다가스카르의 젊은 인구는 미래 국가 발전의 원동력이 될 잠재력이지만 동시에 급증하는 청년 인구에게 충분한 일자리를 제공해야 하는 것은 마다가스카르 경제의 숙제이기도 하다.

• 인구를 나이순으로 나열했을 때 중간에 위치한 나이
• CIA World Factbook, 2024년 통계
• UN Population Division, 2023 통계

가뭄과 홍수가 동시에 발생하는 거대한 붉은 섬

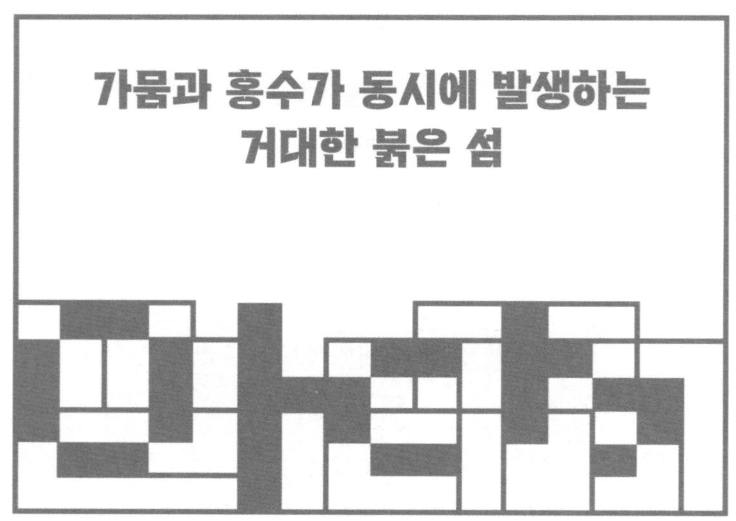

마다가스카르는 동경 43~50도, 남위 11~25도에 자리 잡고 있다. 거인의 발자국처럼 생긴 본섬을 중심으로, 주변에 크고 작은 여러 섬이 있다.

마다가스카르의 지형

마다가스카르의 지형은 지리적으로 세로로 삼등분할 수 있다. 가운데 위치한 고원지대, 동부의 해안지대, 서부의 낮은 구릉과 평원지대로 나뉘며, 고원지대는 북부, 중부, 남부로 구분된다. 고원지대의 평균 고도는 해발 800~1,400미터이지만

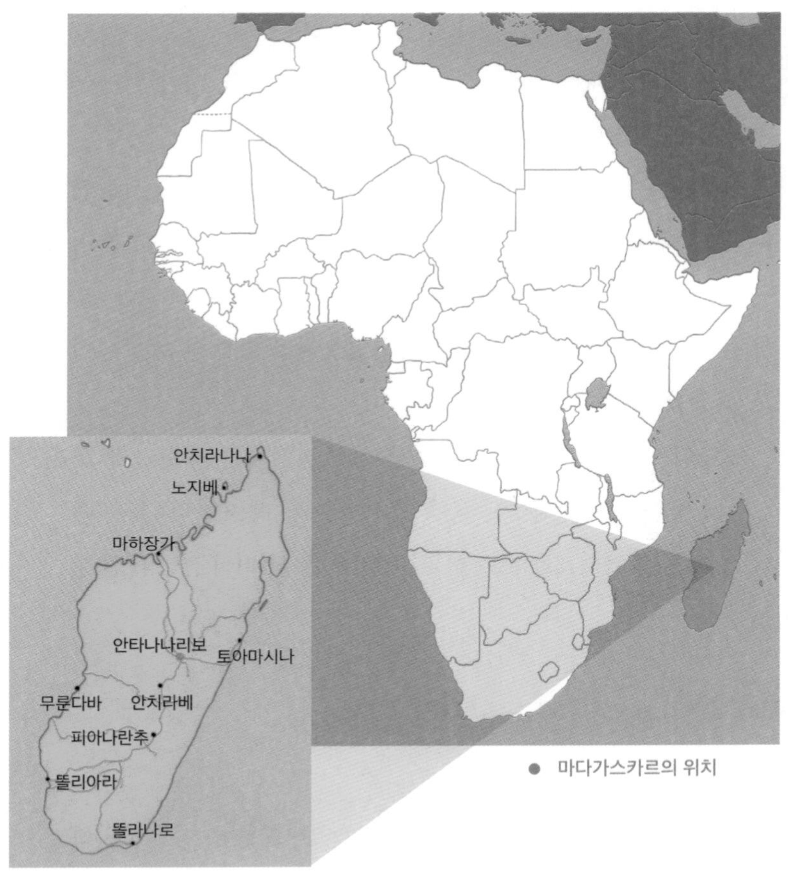

● 마다가스카르의 위치

2,600미터가 넘는 산도 있다. 북부 짜라타나나 주에 위치한 마로모코쪼산은 마다가스카르에서 가장 높은 산이고, 찌아파자보나봉은 화산 폭발로 형성된 중부 고원지대의 최고봉이다. 고원지대는 남쪽과 북쪽으로는 갈수록 서서히 낮아지지만 동쪽과 서쪽으로는 급격히 낮아져 동서 간 통행이 어려운 구간

도 있다.

동부 해안지대는 충적평야로 석호가 발달했다. 이 지역에는 유속이 빠른 강이 많다.

서부 낮은 구릉과 평원지대는 바닷가로 기울어진 충적평야와 크고 작은 구릉들로 구성되어 있다. 여러 강이 바다로 흘러들며 모잠비크 해협의 해류 영향으로 삼각주가 발달했다. 북서쪽 해안에는 만이 많이 형성되어 있으며 산호초와 화산섬이 산재해 있다.

마다가스카르 중앙 고원과 동부 해안지대에는 편마암과 화강암이 풍화되면서 생성된 붉은 토양이 널리 분포한다. 붉은 흙의 색 때문에 마다가스카르는 '거대한 붉은 섬'이라고도 불린다.

의외로 덥지 않은 기후

마다가스카르는 남반구에 자리 잡고 있어 7월이 가장 시원하고 12월이 가장 덥다. 북반구와 달리 한여름의 크리스마스를 즐길 수 있다. 기후는 크게 11월부터 4월까지 덥고 비가 많이 내리는 여름과 5월부터 10월까지 시원하고 건조한 겨울로 나뉜다.

고원지대는 대체로 시원하고 해안지대로 갈수록 더워진다. 특히 북서부 해안지대는 가장 기온이 높다. 위도는 낮지만 국토의 상당 부분, 특히 타나를 비롯한 주요 도시가 고원지대에 자리 잡고 있어 여름에는 너무 덥지 않고 겨울에는 너무 춥지 않은 쾌적한 기후를 누릴 수 있다.

북서부 중심 도시인 마하장가의 경우 12월 평균 최고 기온은 33도, 최저 기온은 24도이며, 7월 평균 최고 기온은 31도, 최저 기온은 18도로 연중 여름 날씨를 보인다. 반면 해발 1,200미터에 위치한 타나는 12월 평균 최고 기온이 28도, 최저 기온이 16도이고, 7월 평균 최고 기온은 21도, 최저 기온은 9도로 온화한 기후를 자랑한다.

아프리카라고 하면 모두 더운 나라라고 생각하기 쉽지만 서울의 8월 평균 최고 기온이 29도, 최저 기온이 21도라는 점을 고려하면 타나의 여름이 서울보다 시원하다. 또 여름철 낮에는 더운 날씨가 이어지지만 하루에 한 번 정도 내리는 스콜성 소나기가 땅을 식혀주는 터라 우리나라처럼 열대야에 시달리는 일은 거의 없다.

실제로 타나에서 생활하다 보면 에어컨을 틀고 지내는 기간이 그리 길지 않다. 겨울 날씨도 우리나라의 10월 정도이다 보니 낮에는 쾌적한 날씨를 즐기기 좋다.

실수로 생긴 나라 이름?

19세기 초 통일되기 전까지 마다가스카르는 여러 부족과 왕국으로 나뉘어 있었다. 그렇기 때문에 하나의 국가 이름 대신 각 부족 국가마다 고유의 이름을 사용했다.

마다가스카르라는 지명이 어디에서 유래되었는지에 대해서는 몇 가지 가설이 있다. 첫 번째 가설은 말레이-인도네시아계• 주민을 가리키는 '말레이*Malay*'라는 단어에서 왔다는 것이다.

• 엄밀한 정의가 있는 공식 용어는 아니다. 말레이시아의 다수 인종인 말레이계, 인도네시아의 여러 인종을 통칭하는 의미로 사용했다.

1154년 아랍 지도에는 마다가스카르가 '말레이섬'이라는 의미의 'Gesira Malai'로 표기되어 있는데 이를 유럽식으로 'Malai Gesira'로 읽으면서 현재의 이름에 가까워졌다는 설명이다.

두 번째 가설은 13세기 마르코 폴로*Marco Polo*가 현재의 마다가스카르를 소말리아의 '모가디슈'와 혼동해 잘못 표기하면서 지금의 이름으로 불렸다는 것이다.

어떤 가설이 맞든 마다가스카르라는 지명은 외부인들에 의해 불린 이름이다. 언젠가부터 그곳에 사는 사람들도 자신들의 나라를 '마다가스카르'라고 부르기 시작했지만 그 시기가 언제인지는 정확히 알 수 없다. 이후 프랑스가 마다가스카르를 식민지화하고 '마다가스카르 프랑스 보호령'이라는 이름을 공식적으로 사용하면서 지금까지 이 이름은 국명으로 유지되고 있다. 현재 마다가스카르의 공식 국명은 '마다가스카르공화국*Republic of Madagascar*'이다.

국기

마다가스카르는 전통적으로 흰색과 빨간색을 깃발로 사용해 왔다. 17세기 메나베 왕국과 메리나 왕국이 부족 깃발로 흰색과 빨간색을 사용했으며, 메리나 왕국은 흰색 또는 흰색과 빨간색 바탕에 왕의 이름을 빨간색으로 수놓은 깃발을 사용하기도 했다.

● 마다가스카르의 국기

제2차 세계대전 이후 마다가스카르 독립운동가들은 파란 별이 그려진 흰색과 빨간색의 깃발을 사용했다. 1958년 10월 14일 마다가스카르가 프랑스공동체 내 자치 공화국이 되면서 현재의 국기가 채택되었다. 흰색은 순수, 빨간색은 주권, 녹색은 해안 지역과 희망을 상징한다. 프랑스 식민지였던 많은 나라가 프랑스 국기에서 영향을 받아 삼색기를 채택한 것처럼 마다가스카르도 삼색기를 사용하되 배열에 변화를 주었다.

국장

● 마다가스카르의 국장

마다가스카르의 국장은 가운데에 마다가스카르 지도가, 아래에는 '제부*zebu*'의 머리가 그려진 형태이다. 중앙에서 바깥으로 뻗어나가는 녹색과 빨간색의 햇살 무늬는 마다가스카르에서 자주 볼 수 있는 나무인 '여인목'을 상징

제부

큰 뿔과 등에 혹이 있는 물소로 정확한 이름은 '인도혹소'이다. 인도와 아프리카에 주로 분포한다.

● 마다가스카르 어디에서나 볼 수 있는 제부

타나 시내부터 시골 마을까지 어디에서나 쉽게 볼 수 있는 제부는 아프리카 본토에서 건너온 반투족이 가져온 가축으로 마다가스카르 고유종은 아니다. 하지만 오늘날 마다가스카르에서 경제·문화적으로 가장 중요한 동물로 자리 잡았다.

제부는 마다가스카르에서 가장 중요한 식재료이자 교통수단이며 없어서는 안 될 든든한 일꾼이다. 마다가스카르의 주요 수출품 중 하나이기도 하다.

1960~1970년대 우리나라에서 소가 집안의 큰 재산이었던 것처럼 마다가스카르 농어촌에서도 제부가 가정의 중요한 재산이다.

종교적으로도 제부는 중요한 역할을 한다. 조상 숭배와 같은 전통 제례 의식에서 제물로 바치기도 하는데 때로는 제부를 통째로 잡기도 하고 제부 머리뼈를 제단에 올려놓기도 한다.

부와 권력의 상징인 제부는 마다가스카르 문화 전반에서 큰 의미를 가지며 마다가스카르 축구 국가 대표팀의 마스코트로도 사용되고 있다.

한다. 국장의 위쪽에는 말라가시어로 '마다가스카르공화국'이, 아래쪽에는 FITIAVANA(사랑), TANINDRAZANA(조국), FANDROSOANA(발전)이라고 적혀있다.

국가

마다가스카르의 국가는 음대 교수인 노베르 라하리쑤아 *Norbert Raharisoa*가 작곡했고, 목사인 파스퇴르 라하자순*Pasteur Rahajason*이 작사했다. 1958년 마다가스카르가 프랑스공동체 내 자치 공화국이 되었을 때 처음 연주되었으며, 완전한 독립국이 되기 전해인 1959년 4월 27일 의회에서 공식적으로 국가로 채택되었다.

작곡가와 작사가가 모두 프랑스 식민지 교육을 받았기 때문에 국가 역시 그 영향을 받아 유럽풍 행진곡의 특징을 가지고 있다. 가사는 원래 프랑스어와 말라가시어 두 버전이 있었으나 현재는 말라가시어로만 부른다. 가사에는 조국에 대한 사랑, 신에 대한 감사, 국가 앞에서의 단결과 충성을 강조하는 내용이 담겨있다.

Ry Tanindrazanay malala ô!
나의 사랑하는 조국!

Ry Madagasikara soa.
아름다운 마다가스카르여.

Ny fitiavanay anao tsy miala,
너를 향한 우리의 사랑은,

Fa ho anao, ho anao doria tokoa.
영원히 변하지 않으리.

Tahionao ry Zanahary,
신이시여,

Ty Nosindrazanay ity,
우리 조상들의 섬을 축복하소서,

Hiadana sy ho finaritra,
평화와 행복 안에서 살도록,

He! Sambatra tokoa izahay.
우리를 축복하소서.

마다가스카르 국가 듣기

제8의 대륙, 생물 다양성의 보고

마다가스카르는 약 9,000만 년 전 다른 대륙에서 분리된 이후 독특한 생태계를 이루며 진화해 왔다. 인간이 거주하기 시작한 기원후 5세기 이전까지는 외부 동식물의 유입이 극히 드물었고, 이에 따라 현재 마다가스카르에 서식하는 동식물의 90퍼센트가 고유종이다. 이런 이유로 마다가스카르는 생물 다양성의 보고이자 '제8의 대륙'으로 불린다.

마다가스카르는 숲, 목초지, 평원, 강, 호수, 습지, 맹그로브숲, 사막과 산호에 이르는 다양한 생태계로 구성되어 있다. 약 2,300종의 식물이 약재로 쓰이는데 그중 상당수는 상업화되지 않아 전통 약재로만 사용된다. 약재로 수출되는 식물은 50종 정도 되며, 이 중 대표적인 약재인 센텔라아시아티카는 우리에게 익숙한 마데카솔과 마데카 크림의 주요 성분이다. '마데카'라는 이름도 마다가스카르에서 따왔다. 약재로 쓰이는 식물들의 연구와 개발이 진행된다면 의학의 발전은 물론 마다가스카르 소득 증대에도 큰 도움이 될 것으로 기대된다.

하지만 생물 다양성이 풍부한 만큼 마다가스카르의 산림 파괴는 전 세계 다른 어떤 지역보다 심각한 문제가 되고 있다. 급격한 인구 증가와 산업화가 진행되면서 산림 파괴가 가속화되어 원시림의 80퍼센트 이상이 사라졌고 현재 산림 면적은 국토의 12퍼센트로 축소되었다. 동부 경사면이나 서부에만 드문드문 남아있는 정도이다.

산림 파괴의 원인은 여러 가지가 있지만 가장 큰 이유는 요리, 난방 등을 위한 가정용 연료를 나무나 숯으로 사용하고 있기 때문이다. 이 외에도 숲을 불태워 농지로 만드는 화전(火田), 산불, 광산 개발 등도 주요한 원인으로 작용하고 있다. 고급 목재인 흑단, 장미목, 백단향 등의 남벌도 심각한 상황이다.

바오밥나무

마다가스카르를 대표하는 식물인 바오밥나무는 작게는 5미터에서 크게는 30미터까지 자란다. 나무뿌리를 연상케 하는 가지와 두꺼운 줄기가 인상적이다. 거꾸로 땅에 심어진 나무처

● '러브 바오밥'으로 불리는 바오밥나무. 몸통 중간이 꼬였다.

럼 보이기도 한다. 특이한 모양 때문에 악마가 바오밥나무를 던졌는데 거꾸로 처박혀서 가지는 뿌리가, 뿌리는 가지가 되었다는 전설이 있다.

바오밥나무의 줄기는 속이 비어있어 목재로 사용할 수는 없다. 열매는 식량으로 사용하거나 말려서 가루로 만든 후 차로 마시는데 비타민C가 풍부하고 항산화 성분이 많아 건강식으로 개발되고 있다.

여인목

바오밥나무와 함께 마다가스카르를 대표하는 식물로 국장에도 등장하는 여인목 또한 마다가스카르 곳곳에서 볼 수 있다. 여기서 '여인'은 여성(女人)이 아니라 '여행객(旅人)'이라는 의미로 '여행자나무*Traveller's Tree*'라고도 한다. 거대한 잎에 많

● 여행자들의 벗이 되어온 여인목

은 양의 물을 머금고 있어 목마른 여행자들이 목을 축일 수 있게 해 주었기 때문에 그런 이름이 붙었다고 한다.

여우원숭이와 동물 고유종

마다가스카르 대표 식물이 바오밥나무라면 대표 동물은 여우원숭이로, 마다가스카르에는 104종의 고유종이 있는 것으로 파악된다.

● 대표적인 여우원숭이인 알락꼬리여우원숭이. 말라가시어로는 '마끼(Maki)'라고 한다.

● 포사

퓨마의 축소판이라 할 수 있는 포사는 마다가스카르에서만 서식한다. 거대 포유류가 많지 않은 마다가스카르에서는 보기 드문 육식동물이다. 크기는 조금 큰 고양이 정도로 최대 80센티미터까지 자란다.

마다가스카르에는 독특한 모양의 카멜레온이나 도마뱀, 도마뱀붙이, 개구리도 많다. 화려한 색으로 독성을 드러내기도 하고, 보호색을 띠어 잘 보이지 않는 종류도 있다.

'살아있는 화석'으로 불리는 실러캔스는 오랫동안 멸종된 것으로 알려졌으나 1938년 마다가스카르 인근 코모로 군도에서 발견되어 세계를 놀라게 했다. 현재도 마다가스카르 바다에 서식하며 학자들에게 큰 관심을 받고 있다.

마다가스카르의 수도 안타나나리보

마다가스카르의 수도 안타나나리보는 줄여서 '타나'라고 불리며 말라가시어로 '1,000명의 전사의 도시'라는 뜻이다. 타나는 남위 18도에 자리 잡고 있지만 해발 1,280미터의 고원지대에 있어 여름에도 몹시 덥지 않고 겨울에도 춥지 않은 쾌적한 기후를 자랑한다.

명실상부한 정치, 문화, 상업, 교육의 중심지로 대통령궁과 의회, 헌법재판소와 대법원 그리고 마다가스카르 주요 기업들의 본부가 소재하고 있다. 마다가스카르 최고의 명문 대학인 안타나나리보대학을 비롯한 주요 대학과 초·중등 명문 사립학교도 주로 타나에 소재해 있다.

마다가스카르가 제주도라면 타나는 한라산처럼 섬의 중앙 고원지대에 위치한다. 타나를 중심으로 전국 도로망이 연결되어 있어 타나 외곽의 A 도시에서 B 도시로 가려면 타나를 거쳐 가야 하는 경우가 많다. 그야말로 모든 길은 '타나'로 통한다.

섬나라인 마다가스카르에 산다고 하면 많은 사람이 "바다를 자주 볼 수 있겠군요.", "신선한 해산물을 많이 먹겠네요."라는 말을 건넨다. 하지만 마다가스카르 한가운데 있는 타나에서 가장 가까운 바다는 250킬로미터 떨어져 있고, 도로 상황이 좋지 않다 보니 차로 가려면 7시간이 넘게 걸린다.

마다가스카르의 관문인 타나 국제공항의 이름은 '이바투공항*Ivato Airport*'으로 마다가스카르 최대 공항이지만 그 규모는 우리나라 지방 공항 정도이다. 공항을 나와 시내로 가는 길 양쪽으로 논밭이 펼쳐져 있고 자동차 도로 옆 혹은 도로 위로 제부 떼와 달구지가 박자를 맞추어 어슬렁어슬렁 지나간다. 일반적인 자동차 도로는 왕복 2차선이며, 시내 중심부로 가야 겨우 왕복 6차선을 볼 수 있다. 5층 이상 되는 고층 빌딩은 가뭄에 콩 나듯이 볼 수 있다. 처음에는 이곳이 한 나라의 수도라는 사실이 낯설었지만 지방 도시를 방문해 보면 타나가 정말 번화한 도시라는 것을 느낄 수 있다.

타나 중심부에는 아누씨호수가 있다. 호수 가운데에는 제1차 세계대전 희생자들을 기리는 추모탑이 있고, 호수 주변으로는

● 아누씨호수의 전경과 제1차 세계대전 희생자 추모탑

고급 호텔과 식당, 관공서 등이 있다. 호수 인근에는 마다가스카르에서 가장 큰 경기장인 마하마시나 야외 경기장이 있다. 이곳에서는 매년 국경일 행사나 국제 스포츠 대회가 열린다.

호수 뒤편에는 타나에서 가장 높은 언덕이 있는데 그 꼭대기에는 여왕궁이 있다. 여왕궁에 올라가면 타나 시내를 한눈에 내려다볼 수 있으며, 시내 곳곳에서도 여왕궁을 올려다볼 수 있다. 프랑스식으로 건축된 여왕궁을 바라보고 있노라면 마치 근대 프랑스 시대에 와 있는 착각이 들기도 한다.

여왕궁 인근 언덕에는 고급 주택들이 '숨어있다'. 외관은 평범한 주거 지역처럼 보이지만 문을 열고 들어가면 고급 주택인 경우가 많다. 우리나라에서는 높은 지대에 있는 집이 상대적으로 저렴한데 타나에서는 이와 반대로 높은 언덕에 있는 집이 저지대의 집보다 비싸다. 이는 마다가스카르가 원래 벼농사를 지어왔고 우기에는 저지대가 침수되기 때문에 평민들은 저지대에, 귀족들은 고지대에 주로 살았던 전통에서 비롯된 것이다. 물론 지금은 저지대에도 고급 주택가가 있지만 유서 깊고 부유한 가문들은 여왕궁 인근 고지대에 사는 경우가 많다.

토아마시나

토아마시나는 마다가스카르 동부 해안의 중심 도시이자 최대의 항구 도시이다. 프랑스식 옛 이름은 '타마타브'이다. 타나로 들어가고 나오는 물동량의 상당 부분이 토아마시나 항구를 통해 유통된다. 한국에서 타나로 컨테이너를 보내면 일단 토아마시나 항구에 도착한 뒤 타나까지 육로로 운송한다.

안치라베

안치라베는 타나에서 가장 가까운 대도시이자 마다가스카르 제3의 도시이다. 타나에서 남쪽으로 불과 150킬로미터 떨

● 메리나 왕국이 마지막으로 사용한 여왕궁. 역사의 부침과 화재, 관리 부실로 지금은 뼈대만 남은 상태이다.

● 토아마시나 시장 풍경

어져 있지만 도로 상황이 좋지 않아 안 막히면 4시간, 막히면 6시간 정도 걸린다. 온천이 많아 '물의 도시'라고도 불리며, 해발 1,500미터에 있어 타나보다 시원하다. 식음료, 생수, 섬유, 담배 공장 등 경공업이 발달해 여러 제조업 공장이 있다.

시내에는 1900년대 초 유럽식으로 지어진 건물이 여럿 있는데 온천 시설을 보유한 떼르므호텔이 특히 유명하다. 타나에서는 보기 힘들지만 안치라베에는 사람이 끄는 뿌스뿌스Pousse-Pousse, 씨클로-뿌스(자전거 인력거), 뚝뚝(삼륜차)이 교통수단으로 운행되고 있다.

안치라베에서 20킬로미터 정도 떨어져 있는 치치바호수는 오래전 화산 폭발로 형성된 분화구에 고여있는 에메랄드빛 물이 압권이다.

● 치치바호수

피아나란추

피아나란추는 마다가스카르 제2의 도시로 남부 고원 해발 약 1,200미터에 자리 잡고 있으며 와인과 차Tea의 주요 생산지이다. 마다가스카르 명문 대학 중 하나인 피아나란추대학이 위치한 교육 중심 도시이기도 하다.

타나에서 안치라베, 피아나란추를 거쳐 남서부 중심 해안 도시인 똘리아라까지 연결되는 RN7(7번 국도)은 타나와 토아마시나를 연결하는 RN2(2번 국도)와 함께 마다가스카르의 척추 같은 역할을 하고 있다. RN2가 타나와 항구를 연결하는 경제적 중심 도로라면 타나와 주요 관광지를 연결해 주는 RN7은 문화적 중심 도로라고 할 수 있다.

● 마다가스카르의 척추 역할을 하는 RN7

똘리아라

남서부의 중심 도시인 똘리아라는 내륙의 농산물 및 수산물이 수출되는 통로이다. 예전에는 '뚤레아르'라고 불렸다.

관광객들은 주로 시내보다 해변에 머무는데, 특히 이파티 해변이 유명하다. 이파티 해변 인근에는 레니알라 바오밥나무 보호 구역이 있어 적지 않은 수의 바오밥나무와 여우원숭이 등 마다가스카르 고유 동식물을 볼 수 있다.

똘라나로

동남부 중심 도시인 똘라나로의 프랑스식 옛 이름은 '포르 도팽'이다. 인도양을 향해 있어 수산물, 목재, 가축, 콩, 땅콩이 수출되는 항구 도시이다.

16세기 초에는 풍랑을 만나 좌초한 포르투갈 선원들이 거주했으며, 1643년에는 프랑스인들이 요새를 만들었다. 지금은 아름답고 긴 해변이 유명해 휴양지로 사랑받고 있다.

마하장가

과거 '마중가'라고 불렸던 마하장가는 북서부의 중심 도시이자 마다가스카르에서 토아마시나 다음으로 중요한 항구 도시이다. 연중 최고 기온이 30도가 넘는 마다가스카르에서 가장 더운 지역에 속한다.

코모로와 프랑스령 마요트와 마주 보고 있어 이 나라들과의 교역 창구 역할을 하며 직항 항공편도 운행된다. 역사적으로 아랍계 이슬람교도가 일찌감치 자리를 잡았으며 인도계 인구도 많은 편이다.

● 마하장가의 랜드마크, 시내 중심에 자리잡은 바오밥나무

안치라나나

천혜의 항구 조건을 갖추고 있는 안치라나나는 과거 포르투갈과 프랑스 탐험가 및 해적들의 기항지로 사용되었다.

사이클론이 지나가는 마다가스카르 최북단에 위치한 지리적 요건과 미비한 육로 인프라로 지금은 항구로서의 중요성이 많이 감소했다. 안치라나나의 옛 이름은 '디에고-수아레즈'이다.

● 안치라나나 인근의 에메랄드 비치

● 안치라나나의 거리는 마다가스카르에서 보기 드물게 깨끗하다.

마다가스카르에 사는 사람들

아시아계 주민이 사는 아프리카의 섬

마다가스카르에 도착한 지 며칠 안 되어 인도네시아대사관에서 열린 국경일 행사에 초대받은 적이 있었다. 행사 중 하나로 열린 인도네시아 전통 무용 공연을 보며 나는 무용수들이 인도네시아에서 온 줄 알았다. 하지만 놀랍게도 이들은 마다가스카르 댄서들이었다. 그들의 외모와 춤은 인도네시아 전통을 고스란히 재현했다. 말레이-인도네시아계 마다가스카르인과 인도네시아인은 거의 구별이 안 된다.

마다가스카르는 아프리카 본토에서 약 400킬로미터, 인도네시아에서는 약 4,800킬로미터 떨어져 있지만 인종적으로는 말레이-인도네시아계가 다수를 차지한다. 문화적으로도 언어적으로도 말레이-인도네시아계의 영향을 많이 받았으며, 특히 타나에는 말레이-인도네시아계가 많아서 아프리카가 아닌 동남아시아에 살고 있는 기분이 들기도 한다.

말레이-인도네시아계 사람들은 어떻게 이렇게 먼 곳까지 오게 된 것일까? 현재까지의 연구 결과에 따르면 오랜 기간 무인도였던 마다가스카르에 최초로 정착한 인류는 약 1,500년 전 인도네시아 보르네오섬에서 온 말레이-인도네시아계 사람들로 추정된다. 이는 용모뿐만 아니라 언어적 유사성에서도 나타난다. 마다가스카르 고유 언어인 말라가시어는 보르네오섬 남부에서 사용되는 마안얀어와 많은 유사성이 있다.

그러나 이들이 어떤 경로로 마다가스카르까지 도달했는지는 여전히 논란의 여지가 있다. 의도적으로 서쪽으로 이동했는지 아니면 풍랑을 만나 표류했는지, 몇 세대에 걸쳐 조금씩 서진했는지, 한 번에 이동한 것인지 등은 인류학자와 역사학자들이 앞으로 풀어나가야 할 수수께끼이다.

말레이-인도네시아계가 마다가스카르에 도착한 최초의 인류라는 데 반론도 있다. 메리나 부족의 구전 역사에 따르면 그들이 마다가스카르 고원에 도착했을 때 이미 바짐바*Vazimba*라는 키가 작은 부족이 살고 있었다고 한다. 이들은 철기를 사용하지 못하고 진흙으로 무기를 만들어 생활했으며 이후 메리나 부족에게 통합되었다. 하지만 바짐바 부족의 존재가 단순한 설

● 메리나 부족 소녀들

화인지 실제 역사적 사실인지는 아직 확실하지 않다.

메리나 부족

마다가스카르에는 모두 18개의 부족이 있는데 메리나 부족은 말레이-인도네시아계의 대표적인 부족이자 마다가스카르에서 가장 많은 인구수를 보유한 부족이다. 약 1,500년 전 마다가스카르에 도착한 말레이-인도네시아계 사람들이 고원지대에 정착해서 메리나 부족을 이룬 것으로 추정되며 현재도 타나를 중심으로 한 고지대에 주로 거주한다. '메리나'라는 이름 자체가 '높은 곳에 사는 사람'이라는 뜻이기도 하다. 19세기 초 마다가스카르의 통일을 이룬 메리나 왕국도 이 부족에서 시작되었다.

베칠레오 부족

중앙 고원지대에 사는 또 다른 부족은 베칠레오*Betsileo* 부족이다. '무적의 부족'이라는 뜻인 이들은 피아나란추 지역을 중심으로 벼농사를 주로 해 왔다.

메리나 부족보다 체격이 큰 이들은 성년으로 인정받으려면 제부와 싸워 제압하는 사비카*Savika*라는 전통 의식을 치렀다. 이 의식은 현대의 로데오 스포츠로 발전했다.

● 베칠레오 부족 어린이들

아프리카 본토에서 건너온 반투인의 후예

말레이-인도네시아계 다음으로 마다가스카르에 정착한 사람들은 동남부 아프리카 본토에서 모잠비크 해협을 건너온 반투인이다. 기원후 500~600년 사이 마다가스카르 해안가에 정착했으며 마다가스카르에서 가장 중요한 가축인 제부를 들여왔다. 현재도 아프리카계 부족들은 고원지대보다 해안가에 주로 살고 있는데 이들을 '꼬띠에르*Cotier*(프랑스어로 '해안가 사람들'이라는 뜻)'라고 부르기도 한다.

사칼라바 부족

'긴 계곡의 사람'이라는 뜻을 가진 사칼라바*Sakalava* 부족은 반투인의 직계 후손으로 알려져 있다. 마하장가와 무룬다바 등을 중심으로 마다가스카르 북서부 해안에 주로 거주한다.

16세기경 사칼라바 왕국을 세우고 아랍 상인들과의 노예무역을 통해 발전했다. 이후 유럽 상인과도 교역하며 번영했으나 18세기 메리나 왕국과의 싸움에서 패한 뒤 쇠퇴했다. 현재는 주로 어업, 농업 등에 종사한다. 커피, 카카오 플랜테이션에서 일하기도 한다.

안딴드로이 부족

마다가스카르 남부에는 또 다른 아프리카계 부족인 안딴드로이*Antandroy* 부족이 산다. '뾰족한 덤불의 사람'이라는 뜻으로 남부의 건조한 환경을 반영한 이름이다. 가뭄이 일상화된 남부 지역에서는 옥수수, 마니옥(카사바), 고구마 등을 재배하거나 유목 생활을 한다.

손에 창을 들고 경쾌한 북소리에 맞추어 몸을 격하게 흔드는 이들의 전통춤은 아프리카 본토 느낌이 물씬 난다. 독특한 장례 문화로 죽은 자의 제부를 모두 도살해 먹어버리고 집을 불태우는 관습이 있다.

바라 부족

남부 지역에서 제부 유목을 주로 하며 살아가는 바라*Bara* 부족도 아프리카 반투인의 후예이다. 강인한 유목 문화를 보유하고 있다.

최초의 문자를 전파한 아랍 상인들

아랍 상인들은 7세기경부터 마다가스카르 동부 해안에 진출했고, 10세기에는 남서부 해안에 무역 기지를 건설했다. 아랍 상인들은 아프리카 본토에서 각종 생활용품과 도구, 자기, 천 등을 갖고 와 제부, 쌀, 꿀 등과 교환했다.

아랍 상인들이 마다가스카르에 전파한 아랍 문자를 익혀 소수의 엘리트층이 말라가시어를 아랍 문자로 표기했는데 이를 '쏘라베*Sorabe*('위대한 문자'라는 뜻)'라고 한다. 쏘라베는 마다가스카르에서 쓰인 최초의 문자이다.

일부 말라가시어에 아랍어의 영향이 남아있다. 말라가시어 인사말인 '살라마'는 아랍어 '앗살람 알라이쿰'과 유사하며, 요일을 가리키는 단어들이 아랍어와 같이 '알'로 시작한다.

안떼무루 부족

안떼무루*Antaimoro* 부족은 아랍 상인의 후예로 마다가스카르 동남부 해안에 거주한다. 이들의 전설에 따르면 메카에서 온 술탄인 라마카라로*Ramakararo*가 안떼무루 부족을 창시했다고 한다. 이슬람교와 그 문화가 지금도 널리 퍼져있어 돼지고기를 먹지 않으며, 코란과 쏘라베를 기록하기 위한 종이 제작 기술이 발달했다.

마다가스카르 경제를 장악한 인도계 주민

마다가스카르에 살고 있는 인도계 주민은 인구는 적지만 경제적으로 부유하며 마다가스카르의 상권을 장악하고 있다.

마다가스카르의 언어나 종교적 전통에서 인도 언어나 힌두교의 흔적을 찾을 수 없는 것을 보면 이들의 본격적인 이주는 비교적 최근(18세기 후반 이후)인 것으로 추정된다. 다만 11세기에 이미 타밀계 인도 상인들이 마다가스카르에 도착했다는 설도 있다.

최근에는 인도 국적을 유지한 채 마다가스카르로 이민 오는 인도인이 많아지고 있다. 하지만 대부분은 이미 여러 세대에 걸쳐 마다가스카르에 자리를 잡은 인도계 마다가스카르인이다.

한 번은 인도계 마다가스카르인에게 본인을 어느 나라 사람이라고 생각하냐고 물었더니 "인도인이자 마다가스카르인"이라고 대답했다. 그러면 인도와 마다가스카르가 축구 시합을 하면 누굴 응원하겠냐고 물었더니 잠시 고민하다가 "마다가스카르를 응원하겠다."고 했다.

다양한 뿌리, 하나의 문화권

마다가스카르에는 말레이-인도네시아계, 아프리카계, 아랍계 등 다양한 인종과 18개의 부족이 국가 구성원을 이루고 있다. 하지만 이들은 독자적인 문화권을 형성하는 대신 말레이-인도네시아계가 주축이 된 말라가시 문화에 융합되었다. 그래서 지역마다 방언이 있기는 하지만 말라가시어를 전국 공용어로 사용하며, 조상을 숭배하고 연장자에 대한 예를 지키는 등 하나의 문화권을 형성하고 있다.

마다가스카르에서는 아프리카 다른 나라들과 달리 부족 분쟁으로 인한 내전이 발생한 적이 없다. 그러나 지역적으로 인종 분포가 다르기도 하거니와 서로에 대한 고정관념이나 편견이 없지는 않다. 다른 인종과 친구가 되거나 직장 동료가 되는 것은 상관없지만 자녀가 다른 인종과 결혼하는 것은 싫다고 말하는 사람이 많다.

도시와 농촌에 주로 거주하는 말레이-인도네시아계가 해안가에 거주하는 아프리카계보다 정치권이나 경제 분야에서 앞서 있어 갈등의 원인이 되기도 한다. 이를 방지하기 위해 정부에서는 인종 간 균형을 맞추고 화합을 도모하기 위해 노력하고 있다. 대통령이 말레이-인도네시아계 인물이면 총리는 최대한 아프리카계 인물로 임명하는 것이 대표적인 예이다.

마다가스카르의 고유 언어, 말라가시어

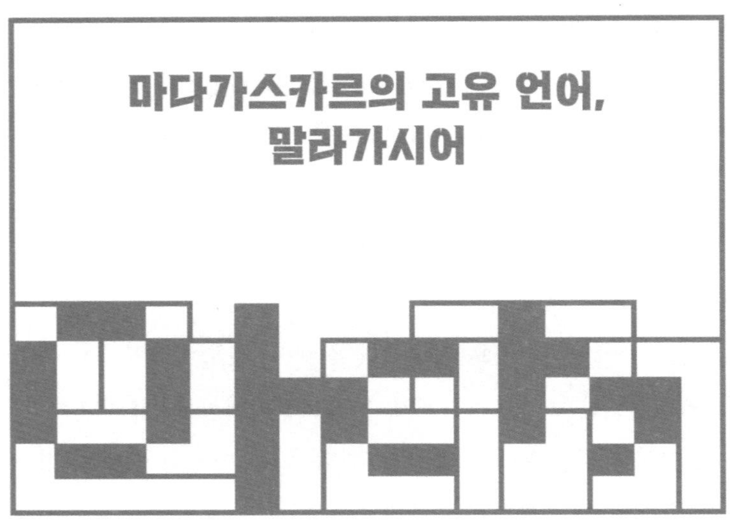

아프리카 대륙의 많은 나라에서는 다양한 토착어를 사용하며 공용어로 주로 옛 식민 종주국의 언어인 영어, 프랑스어, 포르투갈어를 채택하고 있다.

하지만 실제로 유럽 언어를 모국어로 사용하는 인구는 많지 않고, 심지어 토착어 외에는 다른 언어를 전혀 구사하지 못하는 사람도 많다. 그런데도 외국어를 공용어로 삼는 이유는 한 나라 안에 다양한 토착어가 존재하기 때문이다. 특정 토착어를 공용어로 지정하면 그 언어를 사용하지 않는 다른 부족들에게 불공평하게 여겨질 수 있고, 여러 부족의 언어를 모두 익히는 것은 현실적으로 어렵기 때문이다. 그래서 한 가지 외국어를 공용어로 채택해 소통의 매개로 삼는 것이다.

하지만 마다가스카르의 경우는 이러한 상황과는 조금 다르다. 과거 프랑스 식민지였기 때문에 프랑스어를 공용어로 쓰고 있지만 모든 부족이 공통으로 사용하는 '말라가시어'라는 토착어가 존재한다.

말레이-폴리네시아 언어인 말라가시어

말라가시어는 오스트로네시아 어족에 속하지만 발음이나 문법은 아프리카계 반투어의 영향을, 단어는 반투어와 아랍어의 영향을 많이 받았다.

마다가스카르인의 주류 인종이 말레이-인도네시아계인 것처럼 말라가시어는 오스트로네시아 어족 중에서도 말레이-폴리네시아 언어에 속한다. 기원은 인도네시아 보르네오섬에서 유래한 것으로 알려져 있다. 그러나 현대 보르네오섬 사람들도 말라가시어를 배우는 데 어려움을 느낄 만큼 두 언어 간의 차이가 이미 너무 벌어졌다.

세계에서 가장 긴 이름

마다가스카르에서 생활할 때 어려웠던 것 중 하나가 인

명과 도시명 같은 이름을 외우는 것이었다. 현 대통령의 이름은 '안드리 라조엘리나'로 그나마 짧은 편이지만 그 전 대통령 이름은 '에리 라자오나리맘삐안 라코토아리마나나*Hery Rajaonarimampianina Rakotoarimanana*'로 세계에서 이름이 가장 긴 국가 원수에 등극하기도 했다(이후 '에리 대통령'으로 표기한다). 마다가스카르 통일의 기반을 세운 왕은 '안드리아남뿌이니메리나똠뿌꾸인드린드라*Andrianampoinimerinatompokoindrindra*'라는 믿을 수 없는 긴 이름을 갖고 있다. 이 또한 '남뿌이나 왕'이라는 약칭으로 부른다.

존댓말이 존재하는 말라가시어

말라가시어에는 눈여겨볼 만한 언어적 특징이 있다. 그중 하나가 존댓말인데 손윗사람을 대하거나 공식적인 자리에서 쓰는 단어와 친구나 격의 없는 사이에서 쓰는 단어가 다르다. 또는 '나의 주인님'이라는 의미의 '뚬꾸'라는 단어를 문장에 붙여 존댓말을 만들 수도 있다.

말라가시어로 '안녕'은 '살라마' 또는 '마나우나'라고 하는데 여기에 '뚬꾸'를 붙여 '살라마 뚬꾸', '마나우나 뚬꾸'라고 말하면 '안녕하세요'라는 존댓말이 된다.

말라가시어의 어순

말라가시어의 또 다른 특징은 어순이다. 한국어나 일본어는 '주어-목적어-동사' 순이고, 영어를 비롯한 대부분의 유럽어와 중국어는 '주어-동사-목적어' 순이다. 그런데 말라가시어는 '목적어-동사-주어' 순으로 수동태로 쓴다. 즉 '사과가 먹힙니다. 나에 의해서'라는 구조이다.

단어를 반복하면 강조가 아니라 어감을 완화한다는 재미있는 특징도 있다. '짜라'는 '좋다'라는 의미인데 '짜라 짜라'라고 하면 '아주 좋다'는 것이 아니라 '그런대로 괜찮다'는 의미가 된다.

문자 기록의 시작, 그러나 아직 먼 길

말라가시어를 문자로 기록한 것은 아랍인과 유럽인이 아랍 문자와 알파벳을 전수해 준 이후부터 시작되었다. 동남부에는 아랍 문자로 점성술, 역사 등을 기록한 쏘라베 기록물이 전해지고 있다.

알파벳으로 말라가시어를 기록하는 방식은 유럽 선교사들에 의해 전수되어 지금도 사용되고 있다. 메리나 부족은 1820년대부터 영국 선교사들에게 출판 기술을 배웠고 현재

Ny atin-dRabitro

Fahiny ela be dia narary mafy ny mpanjaka Dragona izay nonina tany amin'ny fanambanin'ny Ranomasina Atsimo. Nolazain'ny dokoterany fa ny atim-bitro no hany hahasitrana ny aretiny. Koa novorian'ny mpanjaka Dragona avokoa ireo mpanolotsainany ka nanontaniany izay ho afaka hiakatra any amin'ny tontolon'ny tany any mba hitady atim-bitro. Tao ny trozona, ny hazandrano maro, ny kalamara na angisy, ny orambaranga maro, dia ireo minisitry ny Mpanjaka izay samy nangina mihitsy satria natahotra hiakatra any ivelan'ny rano.

Nanolo-tena kosa ny sokatra be fandavan-tena , nony farany, ka izy no niainga hitady ny bitro.

Dia nilomano ilay sokatra, niakatra avy any amin'ny fanambanin'ny Ranomasina Atsimo mandrapahatongany tany amin'ny tontolon'ny tany. Niakatra teny amoron-dranomasina feno torapasika izy ary teny no nahita biby be volo nitsambikimbikina tamin'iretsy tongobeny.

"Azafady re, tompoko", hoy ilay sokatra, "sao dia mba ianao re no Rabitro" ?

"Izaho izany, fa ahoana ? Hoy Rabitro, "Fa maninona ianao no manontany izany" ?

"Nirahin'ny Mpanjaka Dragona aho. Nirahiny hanasa biby mitovitovy endrika aminao izao hamangy azy any amin'ny lapany tsara tarehy, any ambany ranomasina".

"Tiako ny hamangy azy", saingy izaho tsy mahay milomano. Ka tsy hiditra any anaty maso sy any am-bava any ve ny rano ? Hataoko ahoana ny hiaina any ambany any" ?

● 주마다가스카르대한민국대사관에서 마다가스카르 어린이를 위해 출판한 말라가시어로 된 한국과 마다가스카르의 전래 동화집

마다가스카르의 출판 기술은 상당한 수준이다.

말라가시 언어에는 속담, 격언이 풍부하다. 말라가시어로 쓰인 시, 전래 동화, 역사 기록 등도 많은데 대부분 프랑스어로 출간되어 있다. 말라가시어 출판물은 어린이들을 위한 쉬운 책이나 신문과 잡지 정도뿐이다. 실제로 서점에 가면 서가에 꽂힌 책 중 80~90퍼센트는 프랑스어책이고, 10~20퍼센트 정도만 말라가시어로 된 책이다.

다행히 말라가시어를 보급하고 발전시키기 위해 뜻있는 사람들이 협회를 결성하고 활동하고 있다. 마다가스카르에 있는 한국대사관에서도 마다가스카르 어린이들을 위해 한국과 마다가스카르의 전래 동화를 말라가시어책으로 출판하는 사업을 한 바 있다.

이중 언어 체제와 그 문제점

어려서부터 프랑스어로 가르치는 학교에 다니고 프랑스에 있는 대학에서 공부하는 마다가스카르 엘리트들은 프랑스어를 완벽히 구사한다. 대학을 졸업한 중산층 대부분도 프랑스어를 수준급으로 구사한다. 그러나 초·중등 교육을 제대로 받지 못한 서민이나 빈곤층은 프랑스어를 하지 못한다.

어려서부터 국제학교나 사립학교에 다녀 프랑스어를 완벽하게 구사하는 상류층 자녀들과 프랑스어를 가르치지 못하는 공립학교를 졸업한 서민층 자녀 간에는 교육과 직업 선택에서 극복할 수 없는 차이가 생긴다.

이중 언어 체제로 인해 마다가스카르에서는 많은 사회 문제가 발생하거나 악화되고 있다. 우선 교육의 효율이 크게 떨어지고 사회적 계급의 세습이 굳어지고 있다. 마다가스카르에서는 프랑스어를 못하면 의사나 변호사가 될 수 없고, 공대에 진학할 수도 없다. 각종 공문서, 특히 법률 문서를 프랑스어로 작성하니 프랑스어를 모르는 사람이 소송에 걸리거나 범죄 혐의를 받으면 절대적으로 불리한 위치에 놓일 수밖에 없다.

이러한 언어 격차는 국제 경쟁력에도 영향을 미친다. 프랑스어 사용에 치중한 결과 고학력자도 영어 구사 능력이 부족한 경우가 많아 국제 교류에서 기회를 놓치는 경우가 자주 발생한다. 이는 마다가스카르만 아니라 프랑스어권 아프리카 나라에서 나타나는 공통적인 현상이다.

말라가시어를 배워봅시다

말라가시어에서는 알파벳을 묶음 처리하거나 축약해서 읽는 경우가 많다.

표기법	발음	의미
Salama	쌀라마	(만날 때) 안녕?
Manao ahoana	마나우나	(만날 때) 안녕?
Veloma	벨루마	(헤어질 때) 안녕!
Misaotra	미싸우차	고맙습니다
Tonga soa	뚱가 쑤아	환영합니다
Azafady	아자파디	실례합니다
Miala tsiny	말라 찌니	미안합니다
Tsisy olana	찌씨 울라나	괜찮습니다
○○○ no anarako	○○○ 누 아나라꾸	제 이름은 ○○○입니다

※ 한국어 발음은 실제 발음과 최대한 유사하게 표기했다.

함께 생각하고 토론하기

마다가스카르는 생물 다양성으로 유명한 나라입니다. 약 9,000만 년 전 마다가스카르섬이 다른 대륙에서 분리된 이후 마다가스카르의 동식물은 독자적으로 발전해 왔습니다. 그 결과 마다가스카르는 바오밥나무, 여인목, 여우원숭이, 포사 등 다른 지역에서는 찾아볼 수 없는 생물종을 다양하게 보유하고 있습니다.
하지만 인구 증가와 경제 개발, 기후 변화 등으로 마다가스카르의 자연환경, 특히 숲이 파괴되면서 마다가스카르의 생물 다양성은 심각하게 위협받고 있습니다.

● 마다가스카르의 자연환경, 특히 숲은 왜 파괴되고 있다고 생각하나요? 우리에게는 머나먼 곳으로만 느껴지는 마다가스카르의 생물 다양성이 훼손되는 것은 우리에게 어떤 영향을 주는지 생각해 봅시다.

●● 자연을 보호해야 한다는 주장에 반대하는 사람은 없을 겁니다. 그러나 자연 보호와 경제 발전이 충돌하는 상황이 되면 판단이 어려워지는 경우가 많습니다. 숲에 일부러 불을 지르는 것은 있어서는 안 될 일이지만 다른 생계 수단이 없는 빈곤층이 화전 하는 것을 도덕적으로 비난하기는 쉽지 않습니다. 자연 보호와 경제 발전을 동시에 달성할 수 있는 방법과 국제 사회가 마다가스카르를 지원할 수 있는 방법에 대해 생각해 봅시다.

2부

마다가스카르 사람들의 이모저모

"강을 건널 때 타고 온 카누를 발로 차 보내지 말아라."

근면 성실하고 손재주가 뛰어난 사람들

우수하고 저렴한 노동력

마다가스카르 사람들은 근면하고 성실하며, 손재주가 뛰어나다. 많은 개발도상국에서 사업을 해 본 사람들은 마다가스카르 직원들이 결근율이 낮고, 손으로 하는 일을 배우는 속도가 빠르다고 평가한다. 특히 전통 수공예품에서 볼 수 있듯이 이들의 손재주는 유명하다.

마다가스카르 노동자들의 임금 수준은 매우 낮다. 최저임금은 한 달에 41달러로, 방글라데시나 스리랑카와 비교해도 상당히 낮은 편이다. 이렇게 우수한 인력이 저렴한 임금 조건에서 일할 수 있다는 점은 섬유 산업의 발전에 유리한 환경을 제공한다. 현재 섬유 산업은 마다가스카르에서 농업 다음으로 비중이 큰 분야로 약 40만 명의 인력이 이 분야에 종사하고 있다. 이 중 약 절반은 타나와 안치라베 인근 수출가공지구에서 일하고 있다.

수출가공지구는 1991년 시작된 수출 진흥 정책의 일환으로 조성된 지역이다. 이곳에서 생산된 제품의 95퍼센트 이상이 해외로 수출되며, 기업들은 이에 대한 면세 혜택과 투자 인센티브를 받고 있다.

여기에 미국, 유럽 등 선진국이 아프리카 개발도상국에 여러 가지 수출 혜택을 부여하고 있다는 것도 마다가스카르 섬유 산업에 긍정적인 영향을 미친다. 미국은 2000년부터 마다가스카르를 아프리카성장기회법•의 대상국으로 지정해 마다가스카르산 섬유 제품이 미국에 무관세로 수출될 수 있도록 했다. 유럽은 이보다 앞선 2012년부터 유사한 혜택을 제공하고 있다.

2020년 기준 마다가스카르는 사하라 이남 아프리카 국가 중 대(對)유럽 섬유 수출 순위 1위를 차지했고, 대(對)미국 섬유 수출 순위에서는 3위를 기록했다. 우리가 잘 아는 자라*Zara*, 푸마, 제이씨페니, 캘빈클라인 같은 의류 브랜드의 많은 제품이

• Africa Growth and Opportunity Act(AGOA). 사하라 이남 아프리카의 경제 성장을 목적으로 무관세 혜택을 부여하는 법안

마다가스카르에서 생산되고 있다.

경제 발전에 기여하는 섬유 산업

제2차 세계대전 이후 경제 발전에 성공한 신생 독립국들을 살펴보면 수출을 목적으로 한 제조업, 특히 섬유와 신발 같은 경공업이 경제 기반을 이루는 경우가 많다. 자본과 기술이 부족한 상황에서 이들이 의지할 수 있었던 것은 사람의 노동력뿐이었고, 그 노동력이 경쟁력을 가지려면 임금이 낮아야 했다.

수출 목적의 경공업은 여러 방면에서 개발도상국의 경제 발전에 공헌한다. 첫째, 수출로 벌어들인 외화를 인프라 개발과 같은 경제 발전 목적으로 재투입할 수 있다. 둘째, 경공업은 서비스업이나 중공업에 비해 일자리 창출 효과가 크며, 소득 재분배에도 기여한다. 셋째, 섬유 산업처럼 여성 근로자 비율이 높은 산업은 여성 교육과 여권 신장에도 도움을 준다.

물론 이 과정에서 부작용도 발생한다. 그러나 최근에는 부당한 환경에서 생산된 브랜드 의류에 대한 소비자 불매 운동과 같은 공정 소비에 대한 국제적 관심이 높아지고 있다. 그 결과 마다가스카르 섬유 산업 노동자 대부분은 국제 기준에 크게 어긋나지 않는 대우를 받고 있다.

우리나라의 경제 성장기에도 섬유와 전자 같은 분야의 공장에서 일하던 여성 노동자들이 중요한 역할을 했던 것처럼 마다가스카르의 수출 목적 제조업, 특히 섬유 산업은 경제 발전의 든든한 기반이 되고 있다.

은행원보다 높은 임금을 받는 콜센터 안내원

마다가스카르에서 발전하고 있는 서비스업 중 하나가 콜센터 산업이다. 미국에서 A/S, 상품 문의, 회원 가입 등 문의 전화를 하면 인도의 콜센터에서 응대하는 것처럼 프랑스어로 진행되는 문의가 마다가스카르 콜센터에서 처리되는 경우가 많다.

과거 프랑스어 콜센터는 모로코나 세네갈에 많이 있었지만 최근 들어 마다가스카르로 이전되는 사례가 늘고 있다. 마다가스카르 콜센터가 경쟁력을 가지는 이유는 우수한 프랑스어 실력과 저렴한 인건비 때문이다. 프랑스어를 유창하게 구사하는 콜센터 안내원의 월급은 약 130달러로 모로코의 절반 수준이다. 이 때문에 마다가스카르에서는 은행원이나 교사보다 다국적 기업의 콜센터 안내원이 더 높은 임금을 받는 경우도 많다.

마다가스카르 콜센터의 또 다른 강점은 발달한 인터넷망이다. 타나의 인터넷 속도는 아프리카 최상위권이며, 일부 유럽 국가들보다도 빠른 수준이다. 이는 콜센터 운영에 큰 장점이 된다. 다만, 인터넷을 사용할 수 있는 지역과 인구가 제한적이다. 2023년 기준으로 전체 인구의 약 20퍼센트만이 인터넷을 사용할 수 있는 것으로 추정된다.•

• Digital 2023 report on Madagascar (www.datareportal.com)

마다가스카르 사람들이 사랑하는 스포츠

알레파 바레아! 마다가스카르 사람들의 축구 사랑

마다가스카르에서 가장 인기 있는 스포츠는 축구이다. 이는 다른 아프리카 국가에서도 마찬가지인데 축구는 특별한 장비나 장소가 없어도 약간의 공간과 몇 명의 사람만 있으면 어디서든 즐길 수 있기 때문이다. 마다가스카르에서는 정식 축구공이 사치품으로 여겨지지만 도시와 시골을 가리지 않고 공터에서 헝겊을 말아 묶은 공으로 축구를 즐기는 사람들을 쉽게 볼 수 있다.

마다가스카르 축구 국가 대표팀의 FIFA 랭킹은 2024년 기준 109위로 아프리카 최하위권이고, 아직 한 번도 월드컵 본선 진출에 성공한 적은 없다. 하지만 2019년 역대 최초로 본선에 진출한 아프리칸네이션스컵에서 8강에 진출했고, 2022년 아프리칸네이션스챔피언십 대회에서는 3위를 하는 파란을 일으키기도 했다.• 마다가스카르 국내 리그도 있지만 뛰어난 선수들은 국제 리그, 특히 프랑스나 이탈리아 등 유럽 리그에서 뛰는 경우가 많다.

마다가스카르 축구 국가 대표팀의 애칭은 '바레아*Barea*'인데 말라가시어로 '뿔이 달린 숫제부', 즉 황소를 의미한다. 응원 구호로는 '알레파*Alefa*'라는 말을 사용하는데 '화이팅', '레츠 고'와 같은 의미이다. 그래서 마다가스카르 사람들이 축구 국가 대표팀을 응원할 때는 '알레파 바레아!'를 외친다.

점점 늘어나는 태권도 인구

마다가스카르에서 태권도는 1970~1980년대에 북한을 통해 처음 소개되었다. 이후 2000년대에 들어와 한국인 사범들의 노력으로 태권도 인구가 점차 늘어나 현재 약 2,500명이 태권도를

• 두 대회는 아프리카 국가 간 대항전으로 2년마다 열린다는 공통점이 있지만 네이션스컵은 홀수 해, 챔피언십 대회는 짝수 해에 개최된다. 네이션스컵에는 해외파 선수들도 출전 가능하지만 챔피언십 대회는 자국 리그에서 뛰고 있는 선수들만 출전 가능하다는 차이가 있다.

수련하고 있다. 태권도는 주로 중산층 이상의 사람들이 수련하며, 20여 개의 지역별 클럽이 활발히 운영되고 있다.

2019년 안드리 라조엘리나 대통령이 취임한 이후 태권도에 대한 관심은 더욱 높아졌다. 대통령의 아들은 마다가스카르 주니어 태권도 대회에서 우승하기도 했다. 안드리 라조엘리나 대통령의 태권도 사랑은 국정 행사에도 반영되었다. 2019년부터 매년 6월 독립기념일 행사에서 태권도 시범이 포함되었는데, 이는 대통령 본인의 요청에 따라 추가된 프로그램이다.

마다가스카르 독립기념일 행사는 마하마시나 경기장에서 개최되는 국가 최대의 행사이다. 이 행사는 대통령과 주요 정부 인사, 외교단, 4만 명의 관중이 참석하며 군사 퍼레이드와 함께 전국에 생방송 된다. 태권도 시범 역시 이 행사에서 중요한 볼거리 중 하나로 자리 잡았다.

태권도 시범을 지도하는 사람은 이정무 정부 파견 태권도 사범(이후 '정파 사범'으로 표기한다)이다. 시범이 진행되는 동안 경기장에는 "차렷! 경례! 실시!" 같은 한국어 구령이 울려 퍼져 관중들에게 한국 문화를 알리는 계기가 되고 있다.

마다가스카르의 박항서, 이정무 정파 사범

베트남에 박항서 축구 국가 대표팀 감독이 있었다면 마다가스카르에는 이정무 태권도 국가 대표팀 감독이 있다. 이정무 정파 사범은 초등학교 때 태권도 수련을 시작했다. '황금 발'이라는 별명으로 불리며 국가 대표를 꿈꾸던 유망주였던 그는 필리핀에 봉사 활동을 가서 태권도 시범을 하다가 떨어져 허리를 다치면서 국가 대표의 꿈을 접어야 했다.

태권도 사범 대신 선교사가 된 이정무 정파 사범은 아내 박지은 선교사와 함께 마다가스카르에 자리 잡고 국제 구호 개발 NGO 기아대책과 함께 모자 보건 사업, 아동 후원 사업 등을 꾸려 나갔다. 그러면서도 마다가스카르태권도협회에서 선수들을 지도하거나 후원 아동들을 대상으로 태권도 수업을 하는 등 태권도인으로서의 활동도 꾸준히 해 나갔다.

마다가스카르에서 봉사 활동을 한 지 10년이 넘어가던 2019년 봄, 한국대사관에서 연락이 왔다. 안드리 라조엘리나 대통령이 6월 국경일 행사에서 태권도 시범을 하고 싶어 하는데 군인들을 지도해 줄 사범을 찾고 있다는 것이었다. 하지만 갑자기 추진된 일이어서 한국 정부에도, 마다가스카르 정부에도 관련된 예산이 없어 무보수 재능 기부를 해야 했다. 마다가스카르 군인들 또한 태권도 경험이 전혀 없는 상태였다.

다소 황당한 조건이었지만 이정무 정파 사범은 마다가스카르에서 태권도의 인지도를 높일 좋은 기회라고 생각하고 기꺼이 수락했다. 그러나 훈련장에 도착한 그를 기다리고 있는 것은 태권도는커녕 열과 오를 맞추는 제식 훈련도 제대로 되어

● 국경일 행사에서 태권도 시범을 하는 마다가스카르 군인들

● 국경일 행사 태권도 시범을 지도하는 이정무 정파 사범

● 이정무 정파 사범(맨 왼쪽)과 마다가스카르 태권도 국가 대표팀

있지 않은 군인들이었다. 누가 봐도 미션 임파서블이었지만 불가능을 모르는 그의 지도 아래 결국 3개월 만에 국경일 행사에서 완벽한 태권도 시범을 보여주었다.

2021년 3월, 마다가스카르에 정파 사범 직위가 신설되면서 이정무 사범이 정식으로 임명되었다. 정파 사범으로 임명된 이후 국기원과 한국대사관의 정식 지원을 받게 된 그는 매년 독립기념일에 태권도 시범을 계속하며 국방부와 경찰 특수 부대를 위한 전투 태권도 지도, 대사관 태권도 시범단 창설 등 활발한 활동을 이어 나갔다.

2023년 마다가스카르에서 개최된 인도양도서국게임*Indian Ocean Island Games*에서는 태권도 겨루기 국가 대표팀 감독을 맡았다. 인도양도서국게임은 마다가스카르, 코모로, 몰디브, 모리셔스, 세이셸 5개국과 프랑스령 마요트, 프랑스령 레위니옹 2개 자치령이 참여하는 국제 스포츠대회이다. 현실적으로 올림픽이나 아프리칸게임에서 마다가스카르가 메달을 따는 것은 힘들기 때문에 인도양도서국게임은 마다가스카르에서 가장 중요한 국제 스포츠대회이기도 하다.

이정무 정파 사범의 지도 아래 마다가스카르 태권도 겨루기 국가 대표팀은 이 대회에서 16개의 금메달 중 11개를 싹쓸이하며 태권도 부문 1위를 차지했다. 체육관이 정전될 때마다 훈련을 중단해야 했고, 전자 호구가 없어 상상만으로 사용법을 익혀야 했던 열악한 환경에서 거둔 놀라운 성과였다.

못다 이룬 국가 대표의 꿈을 마다가스카르 선수들을 통해 이루어가고 있는 이정무 정파 사범. 그는 태권도를 통해 한국을 알리고 장기적으로는 마다가스카르 국립 대학에 체육대학을 설립하는 꿈을 꾸고 있다.

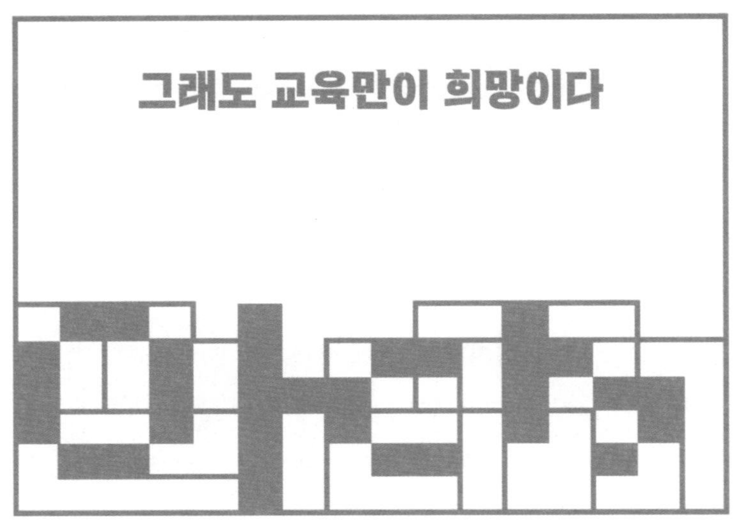

열악한 교육 환경

마다가스카르에서 초등학교는 만 6세에 입학하며 5년제로 운영된다. 중학교는 4년제이며, 초등학교와 중학교는 의무교육이다. 중학교를 마치면 고등학교 3학년 과정을 거쳐 직업 훈련원이나 대학에 진학할 수 있는 구조이다.

그러나 의무교육이라는 명목과 달리 실제로는 초등학교조차 가지 못하는 아이도 많다. 등록금은 면제되지만 교사 수고비, 교재비, 학교 수리비, 학용품값 등 부대 비용이 필요하기 때문이다. 특히 경제적인 어려움이 큰 가정에서는 이런 비용조차 감당하기 힘들어 아이들을 학교에 보내지 못하는 경우가 많다.

● 아이를 업고 수업하는 젊은 선생님의 눈빛이 형형하다.

또한 격오지에는 학교나 교사가 없어 학교에 다닐 수 없는 경우도 있다. 이런 지역에서는 부모들이 십시일반 돈을 모아 교사를 채용하기도 하지만 쉬운 일은 아니다.

경제적인 어려움은 교사들도 마찬가지이다. 정부가 지급해야 하는 월급이 제때 나오지 않아서 간식을 만들어 학생들에게 팔아 수입을 보충하는 교사들도 있다.

학교 시설과 교사의 질 또한 해결해야 할 과제이다. 특히 농어촌 지역에서는 다 쓰러져가는 건물에서 수업하거나 교실이 없어 나무 아래에서 수업하는 경우도 있다. 화장실이 없는 학교도 많고 남녀 공용 화장실을 사용하는 경우도 흔하다. 이런 상황은 여학생들이 학교에 가는 것을 꺼리게 하는 이유가 되

● 수도권 지역의 학교

● 시골 지역의 학교

고 있다.

교사의 전문성도 낮은 수준이다. 정식으로 교사 훈련을 받은 교사의 비율이 높지 않다. 프랑스어 교재를 사용하거나 프랑스어로 시험을 보는 경우가 많은데 정작 프랑스어를 구사하는 교사가 많지 않다. 이는 학생들이 제대로 된 교육을 받지 못하게 만드는 원인이 되고 있다.

교육 환경을 개선하려는 노력

열악한 환경이지만 교육이 마다가스카르 어린이들의 삶을 바꾸고 마다가스카르 경제를 발전시킬 수 있는 가장 중요한 열쇠인 것만은 분명하다. 다행히 교육 당국, 국제기구, 교사와 학부모, 학생들이 함께 노력하며 상황을 개선하고 있다.

유니세프에서는 교육 당국과 함께 학교 건축 및 시설 개선 사업을 하고 있다. 교사들을 대상으로 워크숍을 개최해 교사들의 역량을 강화하고 각종 교재를 만들어 배포하기도 한다.

NGO와 선교 단체들도 큰 역할을 하고 있다. 마다가스카르의 근대 교육이 런던선교사회나 프랑스계 가톨릭 단체에서 설립한 학교에서 시작된 것처럼 지금도 기독교계 미션 스쿨들이 공립이나 사립 학교보다 좋은 교육을 비교적 저렴한 비용으로 제공하고 있다.

한국 NGO와 선교 단체에서도 여러 교육 사업을 펼치고 있다. 기아대책 마다가스카르 지부는 학생들을 대상으로 방과 후 활동과 청소년 그룹 활동을 진행하고, 교사들을 대상으로 역량 강화 세미나를 개최하고 있다. 또 가뭄과 영양실조에 시달리는 남부 지역 어린이들에게 급식을 지원하고 있다.

특히 열악한 환경에서도 교육의 희망을 전하는 한국인 선교사들의 활동은 눈부시다. 쓰레기 매립지에서 살아가는 아이들에게 장학금을 지원해 학교에 보낸 선교사, 돌 채취 현장에서 부모를 따라다니는 아이들을 위해 채석장 옆에 학교를 세운 선교사, 안치라베와 토아마시나 같은 지방 도시에 학교를 설립해 지역 명문으로 성장시킨 선교사 등이 대표적이다.

이들의 활동을 보면 놀라움과 감동이 함께 느껴진다. '이렇게 열악한 곳에서 어떻게 이 정도까지 할 수 있을까?'라는 생각이 들면서도, 한국인 특유의 열정과 헌신이 빚어낸 결과라는 생각에 가슴이 뜨거워진다.

구한말 위태롭던 조선에 호러스 그랜트 언더우드*Horace Grant Underwood* 선교사가 와서 세운 연희전문학교가 오늘날 세계적인 명문 학교로 성장했듯이 마다가스카르에 씨앗을 뿌린 한국 선교사들의 헌신도 언젠가 선진 마다가스카르의 행복한 아이들이라는 아름다운 꽃으로 피어날 것이다.

마다가스카르의 대학

마다가스카르 최고의 명문 대학은 안타나나리보대학으로 1955년 타나에 설립된 고등교육원*Institute of Advanced Studies*을 전신으로 한다. 고등교육원은 1961년 마다가스카르대학으로 명칭을 변경한 후 피아나란추, 안치라나나, 똘리아라, 토아마시나, 마하장가 등 주요 도시에 분교를 설립했는데 이제는 각 대학이 모두 독립적으로 운영되고 있다.

안타나나리보대학은 1960년대까지만 해도 코모로, 모리셔스 등 인근 국가에서 유학을 오는 명문 대학이었으나 마다가스카르가 경제적으로 어려워지면서 지금은 예전의 명성이 많이 퇴색되었다. 하지만 마다가스카르에서는 여전히 최고 명문 대학으로 3만 명 이상이 재학 중이다. 우리나라와도 여러 협력 사업을 하고 있어 아프리카 13개 세종학당 중 하나인 안타나나리보 세종학당이 대학 내에 설치되어 있다.

청소년들의 여가 생활

빈부 격차가 극심하다 보니 마다가스카르에서는 소득 수준에 따라 청소년들이 여가를 즐기는 방식이 다르다. 여기서는 서로 다른 환경에서 살고 있는 청소년들의 학교생활과 여가 활동을 가상의 사례를 통해 살펴보고자 한다.

국제학교에 다니는 중학생 라파엘

라파엘의 아버지는 마다가스카르에서 섬유 공장을 운영하는 대표이고, 라파엘은 프랑스계 국제학교에 다니고 있다. 아버지는 프랑스로 출장을 자주 가는데 집이 따로 있어 라파엘의 가족도 방학이면 프랑스에서 시간을 보낸다. 아버지와 어머니 집안 모두 메리나 귀족 출신으로 프랑스에서 대학을 졸업했다. 라파엘도 고등학교를 졸업하면 프랑스로 유학을 갈 계획이다.

마다가스카르에는 갈만한 곳이 별로 없다 보니 집에서 친구들과 노는 경우가 많다. 몇 년 전부터는 멀티 플렉스 영화관도 생기고, KFC도 생겨서 가족이나 친구들과 한 번씩 가서 노는 재미가 쏠쏠하다. 작년에는 드디어 볼링장도 생겼다.

라파엘은 스포츠를 좋아해서 태권도 클럽에 다니고 있고, 일주일에 한 번 실내 풋살장에서 친구들과 풋살 경기를 한다. 프랑스보다는 가격이 저렴해서 승마장에도 큰 부담 없이 갈 수 있다.

프랑스계 국제학교의 수업이 좋기는 하지만 선진국에 비해 교육 인프라가 부족하다. 그래도 요새는 온라인 수업이 발달해서 필요에 따라 온라인 개인교습을 받을 수 있다. 개인 교사에게서 피아노 수업도 받고 있다.

일요일에는 가족들과 함께 교회를 가고 맛있는 식사를 하며 같이 시간을 보낸다.

가톨릭 사립학교에 다니는 고등학생 헤베카

헤베카의 아버지와 어머니는 모두 마다가스카르 명문 대학 출신이다. 아버지는 외국인 가정에서 일하는 운전기사이고, 어머니는 외국인 회사의 사무원으로 일한다. 어릴 적부터 공부를 잘했던 헤베카는 이번에 가톨릭계 사립학교 입학시험에 합격했다. 이 학교는 학비가 저렴한데도 교육 수준이 높아 모두가 가고 싶어 하는 학교이다.

다른 마다가스카르 가정에 비해 경제적으로 쪼들리는 상황은 아니지만 취미나 여가를 위해 큰돈을 쓰는 것은 상상할 수 없다. 방과 후 길거리에서 군것질할 수 있는 정도의 용돈을 받고 있다. 다행히 큰돈을 들이지 않고 친구들과 할 수 있는 활동이 많이 있다. 요새 학교에서 큰 인기를 끌고 있는 것은 K-팝인데 헤베카도 댄스 동아리를 만들어서 춤 연습을 하고 있다. 교회에서 하는 합창단 활동도 재미있다. 헤베카의 남동생도 같은 학교에 다니는데 방과 후에는 친구들과 학교 운동장이나 공터에서 축구를 한다.

동네 친구 중에는 아르바이트하는 친구도 많지만 헤베카의 부모님은 공부에 전념해서 좋은 대학에 가는 것이 중요하다고 말씀해 주신다. 좋은 직장을 얻기 위해서는 프랑스어를 잘해야 한다고 조언도 해 주신다. 요새는 영어 구사 능력이 좋으면 기회가 훨씬 많아지는 것 같다. 프랑스어도 영어도 열심히 공부해서 좋은 대학에 진학하고 취업도 빨리해 부모님을 도와드리고 싶다.

변두리에 있는 공립학교에 다니는 중학생 미우리

미우리의 아버지는 공사장 잡역부로 일하고, 어머니는 시장에서 야채 행상을 한다. 미우리는 가족 중에서는 최초로 초등학교를 졸업하고 중학생이 되었다. 하지만 언제까지 학교에 다닐 수 있을지 모르겠다. 부모님의 수입이 들쭉날쭉한데 중학생이 되고 나니 학교에 내야 하는 돈이 더 늘었다. 이미 집안일은 도맡아 하고 있는데도 학교를 그만두고 돈을 벌어야 한다는 부담이 점점 커진다. 친구 중에는 가정부로 일하는 친구도 많다. 몇 살 차이 안 나는 동네 언니 중에는 결혼한 이들도 있다.

학교 공부도 별 재미가 없다. 프랑스어는 초등학교 때부터 배웠지만 여전히 자신이 없다. 중학교에서는 프랑스어의 비중이 더 높아졌는데 선생님도 프랑스어를 제대로 하지 못하니 서로 답답하기만 하다. 새벽에는 일찍 일어나 수도장에 가서 물을 받아 와야 하고, 아침저녁 1시간을 걸어서 학교에 다니는 것만으로도 지친다. 집에 와서 저녁 준비를 하고 동생들을 돌보다 보면 공부할 시간을 내기가 쉽지 않다. 그래도 중학교를 마쳐 읽기와 쓰기만 잘해도 더 좋은 직업을 가질 수 있을 거 같아 어떻게든 졸업은 하고 싶다.

그나마 미우리는 옆 동네 쓰레기 마을에 사는 아이들보다는 사정이 훨씬 나은 편이다. 쓰레기 마을이 정식 이름은 아니다. 타나 시내 쓰레기 수거차가 쓰레기를 버리고 가는 곳이라 그런 이름이 붙었다. 쓰레기 마을 주민들은 쓰레기 더미에서 빈 병이나 박스를 주워 팔아 하루하루 먹고산다. 아이들도 같이 쓰레기 더미를 뒤지고 다닌다. 미혼모 자녀들이 다시 미혼모가 되어 나이 마흔도 안 된 할머니가 많다. 다행히 몇몇 한국 선교사분들이 이 마을에 '행복마을'이라는 이름을 붙이고 미혼모와 아이들을 위한 급식과 교육 사업을 하고 있다. 언젠가는 이 마을이 진정한 행복 마을이 될 수 있을까?

미카 광산의 아이들

마다가스카르는 광물 자원이 풍부하고 대규모 광산도 많다. 니켈, 카드뮴 광산은 대형 산업으로 운영되지만 미카는 상황이 다르다. 미카는 자동차부터 전자 제품에 이르는 다양한 제품에 소량 사용되며 절연체 또는 빛반사체로 쓰이는 광물이다. 그런데 미카 채굴은 대규모 산업이 아니라 어린이를 포함한 가족 단위로 이루어지는 경우가 많다.

마다가스카르 남부 미카 광산에서는 약 2만 2,000명이 일하고 있는데 그중 약 1만 명이 미성년자인 것으로 파악된다. 미카 채석장은 주로 남부 지역에 분포하며 그곳에서 일하는 사람들은 대부분 가난한 농민들로 농작물 재배가 어려운 건기에 생계를 위해 일한다.

채석장에서는 온 가족이 다 같이 일하는 경우가 흔하다. 아버지와 큰아들이 구덩이를 파서 미카 덩어리를 캐면 어머니와 딸, 어린 아들이 그것을 나르고 분류한다. 채석장에서 일하는 어린이 중에는 대여섯 살밖에 되지 않는 아이도 많다. 학교에 다니지 않는 아이들은 부모를 따라 채석장에 온다. 부모의 강요로 일하는 경우도 있다. 여자아이들은 성 착취의 위험에 노출되기도 한다.

미카 채석장의 근무 여건은 매우 열악하다. 주로 엎드려 일하기 때문에 허리 통증에 시달리며 더운 날씨와 부족한 물, 산소 때문에 두통을 호소하는 경우가 많다. 채굴장에서 나오는 먼지와 미세한 미카 조각은 호흡기 질환과 안구 질환을 유발하기도 한다.

이렇게 온 가족이 힘들게 일해도 소득은 보잘것없다. 성인은 하루 일당으로 25센트에서 3달러 정도를 벌고 아이들의 수입은 더 적다. 이런 상황에서는 하루 세 끼 먹기도 힘들다. 하지만 농사 여건이 좋지 않고 다른 일자리가 없는 지역 주민들에게는 미카 채석장에서 일하는 것 외에 다른 선택지가 없다.

미카 광산에서의 아동 노동 문제를 해결하는 것은 쉽지 않다. 아동 보호를 이유로 채석장에 아이들의 출입을 금지하면 학교에 가지 못하는 아이들은 부모가 일하는 동안 방치될 가능성이 크다. 특히 영유아들은 더 위험한 상황에 부닥칠 수도 있다. 다른 일자리가 없는 상태에서 채석장의 채굴을 금지한다면 그곳에서 일하던 가족들은 생계를 유지하기가 더 어려워진다.

이 문제를 해결하려면 단순히 아동 노동을 금지하는 데 그치지 않고 광산 지역 아동들을 위한 돌봄과 교육 환경, 농업 여건을 개선하며 광산 외의 새로운 일자리를 창출하는 종합적인 접근이 필요하다.

앙부떼야지

'앙부떼야지*embouteillage*'는 프랑스어로 병목 현상, 교통 체증을 가리키는 말이다. 영국 사람들이 날씨 이야기로 대화를 시작하는 것처럼 타나에서는 앙부떼야지로 이야기를 시작하곤 한다.

"우리 집은 ○○인데 사무실은 △△이거든. 출근하는 데 한 시간 반 걸려."

"어제는 일정이 두 개 있었는데 차에서 여섯 시간을 보냈어."

마다가스카르는 가난한 나라로 알려져 있지만 부유한 사람도 많다. 특히 부유층이 살기에는 의외로 편리한 측면도 있다. 그러나 있는 자와 없는 자와의 간극이 숨 막히게 넓은 이곳에서 부자와 빈자, 내국인과 외국인을 똑같이 괴롭히는 문제가 있으니 바로 교통 체증, 현지어로 앙부떼야지이다.

마다가스카르의 도로는 식민지 시대에 만들어진 이후 크게 달라지지 않았다. 번화가의 도로는 대부분 왕복 4차선이고, 시내 도로는 왕복 2차선이 일반적이다. 차 한 대가 지나가려면 다른 차가 비켜줘야 하는 1차선 도로도 있다. 게다가 표지판, 신호등, 횡단보도가 없는 곳이 많아 교차로나 로터리에서는 운전자들이 알아서 순서를 정하거나 교통경찰이 수신호를 하며 교통을 정리한다.

문제는 이런 도로를 자동차뿐만 아니라 사람, 자전거, 달구지가 함께 사용한다는 점이다. 이 때문에 15분이면 갈 거리를 1시간 걸려서 가는 경우가 흔하다. 사람이나 자전거는 좁은 공간을 요령껏 비집고 지나갈 수 있지만 달구지가 앞을 막으면 뒤따르는 차들은 무조건 기다려야 한다.

앙부떼야지를 더 심각하게 만드는 또 다른 원인은 도로 침수이다. 마다가스카르의 도로는 배수 설계가 제대로 되어있지 않아 우기에는 시내 중심부 도로까지 침수되곤 한다. 도로 위에서 물에 잠겨 멈춰버린 차를 보면 주변 사람들이 자발적으로 달라붙어 차를 들어 옮기는 모습을 종종 볼 수 있다.

출퇴근에 1시간 30분이 걸린다면 서울과 비슷하다고 생각할 수도 있지만 잘 정비된 도로나 지하철을 이용하는 것과 울퉁불퉁한 길을 경운기 타듯 이동하는 것은 피로감에서 큰 차

● 우기철 침수된 도로

이가 있다. 더군다나 도로가 항상 막히는 것은 아니라 넉넉히 시간을 잡고 나오면 어떤 날은 약속 시간보다 너무 일찍 도착하기도 한다.

특히 약속 장소가 상대방의 집이나 사무실인 경우 너무 일찍 도착하면 예의에 어긋난다고 여겨진다. 그래서 약속 시간까지 밖에서 기다려야 하는 경우도 자주 생긴다.

서민들이 이용하는 대중교통

마다가스카르에서는 교통수단이 지역과 계층에 따라 큰 차

● 타나 시내 어디에서나 볼 수 있는 택시

● 마다가스카르의 시내버스, 딱시베

이가 난다. 타나에서 사는 상류층이나 외국인은 대부분 자가용을 소유하고 있으며 기사를 고용한다. 출퇴근이나 통학처럼 각자 일정이 다르기 때문에 기사를 고용하는 것이 더 편리하다. 심지어 아이 두 명을 국제학교의 스쿨버스에 태우는 비용보다 기사를 고용하는 것이 더 저렴하다. 타나의 혼잡한 교통 상황과 주차 공간 부족도 기사를 고용하는 이유 중 하나이다.

자가용이 없는 사람들은 택시나 딱시베*Taxi-Be*를 주로 이용한다. 타나 시내에서 흔히 볼 수 있는 택시는 대부분 아이보리색의 시트로엥 2CV이다. 프랑스에서 1948년에 처음 생산되어 1990년에 단종된 이 차는 자동차박물관에서나 볼 수 있는 오래된 모델로, 우리나라에서는 인테리어용으로 수입되기도 한다. 그러나 수리가 쉽고 연료 소모가 적어 마다가스카르에서는 여전히 주요 택시로 쓰이고 있다.

딱시베는 말라가시어로 '큰 택시'라는 뜻이다. 지하철이나 노선버스 같은 대중교통이 없는 마다가스카르에서 딱시베는 작은 버스 형태로 정해진 노선을 따라 승객을 태운다. 정류장이나 정확한 노선도가 따로 없지만 타나 주민들은 딱시베의 경로를 자연스럽게 알고 있다.

시내에서는 오토바이도 흔히 볼 수 있다. 오토바이 택시는 길거리에서 손을 흔들어 잡아탈 수 있으며 교통 체증이 심한 곳에서 빠르게 이동하기에 적합하다.

지방 도시로 가면 교통수단이 더 단순해진다. 택시 대신 삼륜차인 뚝뚝이 일반적으로 사용되며, 일부 지역에서는 사람이 직접 페달을 밟아 움직이는 자전거 인력거도 볼 수 있다. 더 외진 시골로 가면 소달구지가 유일한 교통수단인 곳도 많다.

특히 의료 시설이 부족한 지역에서는 교통 문제가 더 심각하다. 앰뷸런스는 거의 운행되지 않고, 택시를 부르려 해도 시간이 오래 걸리거나 비용이 너무 비싸다. 그래서 병원에 가기 위해 소달구지를 타고 몇 시간을 이동해야 하는 경우도 흔하다.

지방에서는 학교에 가거나 물을 길어 오거나 마을 시장에 가기 위해 몇 시간씩 걸어서 이동하는 것도 일상적인 일이다.

도시 간 이동 수단

마다가스카르에서 도시와 도시를 오가는 교통수단으로는 비행기, 개인 자동차 그리고 시외버스가 있다. 철도는 몇몇 도시에서만 제한적으로 운영되기 때문에 널리 이용되지는 않는다.

먼저 비행기를 이용하는 경우 국영 항공사인 마다가스카르 항공이 주요 도시를 연결한다. 하지만 국영 항공사가 독점 운영하고 있어 비행기표 가격이 비싸다.

개인 자동차를 이용할 때는 대부분 기사와 함께 다닌다. 외국인이 직접 운전하는 경우는 드물다. 렌터카는 기사를 포함한 가격과 기사 없이 차만 빌리는 가격의 차이가 크지 않다. 도로 사정 때문에 차가 고장 나거나 길이 끊겨 이동이 어려운 상황이 자주 생기기 때문에 렌터카는 현지 사정을 잘 아는 기사를 고용하는 것이 훨씬 안전하고 편리하다.

현지인들이 주로 이용하는 시외버스를 '딱시 브루스*Taxi-brousse*'라고 한다. 보통 16인승 미니버스인데 정원을 훨씬 넘어서 많은 사람이 타는 경우가 흔하다. 짐도 버스 위에 하늘까지 쌓아 올리는데 뒤뚱거리면서 가는 모습이 불안하기 짝이 없다. 실제로 타나에서 토아마시나 가는 길처럼 고원지대에서 동부 해안으로 이어지는 급경사가 많은 도로에서는 딱시 브루스의 전복 사고가 종종 발생한다.

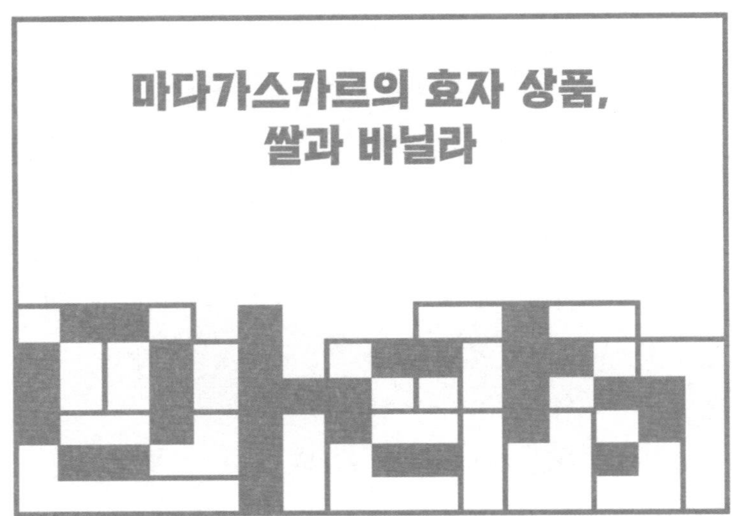

마다가스카르의 효자 상품, 쌀과 바닐라

마다가스카르 국민 총생산에서 농림수산업의 비중은 21퍼센트에 불과하지만 종사자 수로 본다면 국민의 70퍼센트 이상이 농림수산업에 종사하고 있다.• 통계 수치로만 봐도 알 수 있듯이 마다가스카르에서는 농업이 가장 중요한 산업이다.

흰쌀밥에 소고기 반찬

일제 강점기 가난한 시골 마을을 배경으로 한 드라마에서

• CIA 월드 팩트북*CIA World Factbook* 2023년도 통계

● 물이 부족한 남부 일부를 제외하면 전국 어디서나 쌀농사를 짓는 모습을 볼 수 있다.

아이들끼리 나누는 대화이다.

"흰쌀밥에 김치 반찬이 좋아? 보리밥에 소고기 반찬이 좋아?"

한참 고민하던 아이는 이렇게 대답한다.

"흰쌀밥에 김치 반찬!"

요즘은 식습관이 서양식으로 바뀌면서 1인당 쌀 소비량이 크게 줄었지만 역사적으로 한국인에게 흰쌀밥의 의미는 각별했다. 우리 민족만큼이나 마다가스카르 사람들 또한 쌀밥을 각별하게 여긴다. 마다가스카르에서는 일부 건조한 남부 지대를 제외하고 전 국토에서 쌀농사를 짓는다. 대부분은 물을 채운 논에서 벼를 재배하는 논농사이지만 일부는 마른 땅에서 자라는 밭벼 농사도 짓는다. 산간 지역에는 계단식 논도 발달했는데 논을 만들기 전에 숲에 불을 질러 땅을 정리하는 화전 방식이 보편화되어 있다.

마다가스카르 전역에서 쌀농사를 짓고 있지만 1980년대부터 쌀을 수입하고 있다. 농업 생산성이 워낙 낮아 늘어나는 인구를 쌀 생산량이 따라가지 못하기 때문이다.

타나 인근에서도 쌀농사를 많이 짓는데 모내기 철이 되면 사람들이 일렬로 서서 손으로 모내기하고, 수확 철이 되면 낫으로 벤 볏단을 드럼통에 두드려 탈곡하는 모습을 볼 수 있다. 농기계가 부족하다 보니 경운기나 트랙터 대신 소가 끄는 우마차와 쟁기가 농사에 쓰인다. 이앙기, 탈곡기 등과 같은 농기계가 보급된다면 농업 생산성이 높아질 텐데 안타까운 마음이 든다.

쌀 외의 곡물류로는 마니옥이 전국적으로 재배되는데 가뭄에도 잘 자라 남부에서는 주식으로 쓰인다. 감자와 얌은 고원지대에서, 옥수수는 고원지대와 남부 및 서부에서 재배된다.

과일도 다양하다. 우리나라에서도 재배되는 사과, 자두, 포도 같은 과일뿐만 아니라 아보카도, 오렌지, 리치, 파인애플, 구아버, 파파야, 바나나, 망고 등 열대 과일도 많이 재배된다. 그중 제일 값싼 과일은 바나나로 저소득층에게 좋은 요깃거리가 되어준다. 망고나 리치 같은 과일들도 저렴한 가격에 풍부히 먹을 수 있다. 다만 유통망이나 저장 시설이 발달하지 않아 제철이 지나면 그 과일을 다시 찾기가 어렵다. 하지만 반대로 생각하면 그만큼 신선한 제철 음식을 즐길 수 있어 건강에도 좋다.

수익 창출 일등 공신 바닐라

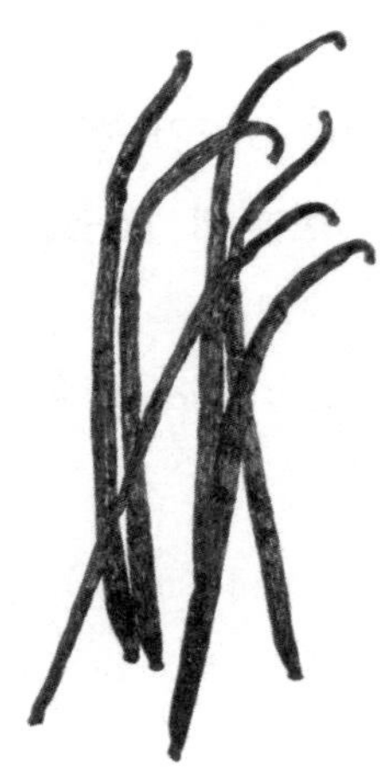
● 말린 바닐라 꼬투리

마다가스카르 사람들에게 쌀이 주식이라면 돈을 벌기 위해 재배하는 환금 작물 중에서 가장 중요한 것은 바닐라이다. 바닐라는 원래 멕시코가 원산지이지만 지금은 전 세계에서 소비되는 바닐라의 약 75%가 마다가스카르산이다. 바닐라는 마다가스카르 전체 수출품의 약 27%를 차지할 만큼 경제적으로 중요한 작물이다.

바닐라꽃은 원래 멕시코에만 서식하는 특정 벌이 수정시켜야 열매를 맺을 수 있었다. 그래서 처음에는 멕시코에서만 재배되었는데 1880년대에 꽃을 인공적으로 수정시키는 방법이 개발되면서 프랑스인들은 기후 요건이 유사한 마다가스카르, 모리셔스, 레위니옹 등 인도양 주변의 섬나라에서도 바닐라를 재배하기 시작했다. 특히 바닐라 재배는 노동 집약적 산업이어서 인건비가 저렴한 마다가스카르에 잘 맞았다.

마다가스카르 경제에서 바닐라가 얼마나 중요한지 보여주는 일화가 있다. 1985년 코카콜라가 천연 바닐라 대신 화학 바닐라를 사용하는 뉴 코크를 출시하며 바닐라 수입 물량을 줄이자 마다가스카르의 경제가 휘청했다고 한다. 다행히 뉴 코크는 시장 반응이 나빠 금방 단종되었다. 또 2017년 마다가스카르의 바닐라 산지인 북동부 사바 주에 태풍이 불어닥쳐 바닐라 농장이 황폐해지자 전 세계 바닐라값이 폭등하기도 했다.

현재 바닐라는 전 세계에서 사프란 다음으로 비싼 향신료로 바닐라 농장을 습격하는 강도들과 이를 지키려는 농장주들 간 무력 충돌이 일어나기도 한다.

재기를 노리는 마다가스카르 커피

커피도 마다가스카르에서 재배되는 환금 작물이다. 마다가스카르에서 사람들이 마시기 위해 커피를 재배하기 시작한 것은 1800년대 후반 프랑스인들이 도착하면서부터이다.

프랑스 식민지 시기 마다가스카르의 커피 재배는 점차 번성해 1954년에는 커피가 마다가스카르 전체 수출품의 49퍼센트를 차지하기도 했다. 독립 이후 마다가스카르 정부의 프랑스 배격 정책, 국제 커피 가격 하락 등으로 많은 프랑스 커피 농장주가 마다가스카르를 떠나면서 세계적인 커피 산지로서의 명성이 약화되었다.

현재 마다가스카르 동부에서는 로부스타 커피, 고원지대에서는 아라비카 커피가 생산되는데 대부분 저렴한 가격으로 마다가스카르 내에서 소비되고 있다. 반면 고급 식당에서는 현지 커피 대신 일리 커피와 같은 글로벌 브랜드 커피를 내놓는 경우가 많다. 최근에는 커피의 품질을 높이고 생산량을 늘려 세계 시장에 진출하려는 노력을 강화하고 있다.

달콤쌉싸름한 마다가스카르 초콜릿

식민지 시대 프랑스인들은 마다가스카르에서 커피뿐만 아니라 초콜릿의 원료인 카카오 플랜테이션도 운영했다. 마다가스카르산 커피 브랜드는 아직 발전 단계에 있지만 마다가스카르 초콜릿은 이미 좋은 반응을 얻고 있다.

마다가스카르에서 설립된 최초의 초콜릿 회사는 '쇼콜라테리 로베르*Chocolaterie Robert*'로, 1940년 프랑스계 레위니옹인 로베르 부부가 토아마시나에 설립했다. 지금은 마다가스카르인으로 소유주가 바뀌었지만 이름은 그대로 유지하고 있다. 유럽 초콜릿에 뒤지지 않는 품질이면서도 가격은 합리적이어서 마다가스카르는 물론 프랑스와 영국에서도 판매되고 있다. 2014년에는 런던 국제 초콜릿 대회에 출전해 여러 부문에서 수상하기도 했다. 주력 상품은 '쇼콜라 로베르*Chocolat Robert*'라는 이름의 초콜릿 바이지만 마다가스카르 내 판매점에서는 케이크, 캔디 등도 같이 판매하고 있다.

● 쇼콜라테리 로베르의 대표 상품, 초콜릿 바

● 메나카오 브랜드의 다양한 초콜릿

쇼콜라테리 로베르가 고급 초콜릿 제품을 표방한다면 좀 더 대중적인 브랜드로는 인도계 마다가스카르 기업이 2006년 설립한 '메나카오*Menakao*'가 있다. '메나'는 '붉다'는 뜻으로 마다가스카르의 붉은 흙을 상징하고, '카오'는 '카카오'를 의미하니 말 그대로 마다가스카르의 대표 초콜릿이라는 자부심이 느껴진다. 초콜릿 포장에는 서로 다른 마다가스카르 부족을 상징하는 마다가스카르인들의 초상화가 그려져 있어 선물용으로도 좋다.

메나카오는 카카오 재배 플랜테이션 농민들에게 정당한 수익을 보장하고, 공장 직원들에게는 건강한 근무 환경을 제공한다는 윤리 경영 방침을 표방하고 있어 쌉쌀한 다크초콜릿마저 달콤하게 먹을 수 있게 하는 매력이 있다.

세계 3대 향신료, 정향

● 못처럼 생긴 향신료, 정향

후추, 계피와 함께 세계 3대 향신료로 불리는 정향*Clove*도 마다가스카르에서 생산되고 수출된다. 정향을 먹어본 적이 없다고 생각하는 사람도 있겠지만 사실 정향은 카레의 주요 원료이기 때문에 우리가 모르는 새 꾸준히 먹어온 향신료이다.

못처럼 생긴 꽃봉오리 부분을 향신료로 쓰는데 정향의 본래 향은 은단에서 느껴지는 금속성의 향과 비슷하다. 정향을 직접 사본 경험이 있는 사람이라도 정향이 마다가스카르산인 것은 잘 모르는 경우가 많다. 원산지는 마다가스카르이지만 포장을 제3국(특히 유럽 국가)에서 하는 경우가 많기 때문이다.

한국이 운영하는 마다가스카르 최대의 니켈 광산

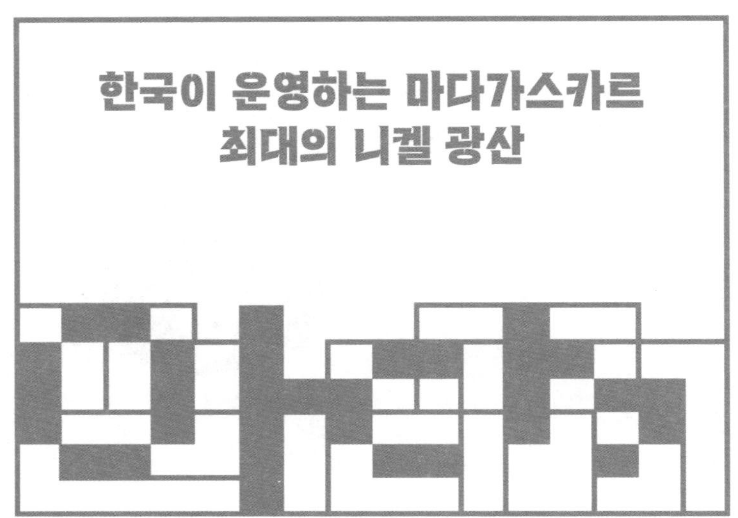

자원 부국 마다가스카르

마다가스카르의 자랑거리 중 하나는 광물 자원이다. 귀금속과 산업용 광물 모두 풍부하다. 귀금속은 금과 함께 사파이어, 에메랄드, 루비 등의 보석과 자수정, 토르말린, 베릴 같은 준보석이 풍부하다. 특히 사파이어 매장량은 세계 1위로, 전 세계 사파이어의 약 절반이 마다가스카르에 있는 것으로 추정된다. 산업용 광물은 니켈, 코발트, 일메나이트, 보크사이트, 철광석, 동, 납, 흑연, 석탄 등이 매장되어 있다.

산업용 광물 채취는 기업화되어 운영되고 있다. 그중에서도 중요한 광산으로는 일메나이트 광산과 니켈 광산이 있다. 동남부에 위치한 일메나이트 광산은 세계적인 오스트레일리아-영국계 광물 회사인 리오 틴토*Rio Tinto*와 마다가스카르 정부가 QMM이라는 합작 회사를 세워 운영하고 있다. 동부에 위치한 니켈 광산은 우리나라가 운영하는 대표적인 해외 광산이며 아프리카 대륙에서 가장 큰 투자 사업 중 하나이다.

마다가스카르의 자랑거리, 암바토비 니켈 플랜트

마다가스카르의 암바토비*Ambatovy* 니켈 광산은 우리나라와 일본이 함께 만든 회사로 우리나라 광해광업공단(옛 대한광업진흥공사)이 주요 투자자이다. 이 광산은 니켈의 채굴, 제련, 정련까지 통합적으로 운영한다.

니켈 채굴과 제련 과정은 마다가스카르 무라망가 지역에서 시작된다. 여기서 채굴한 니켈이 포함된 흙을 묽은 액체(슬러리)로 만들어 토아마시나에 있는 플랜트까지 흘려보낸다. 이 플랜트는 축구장이 약 250개가 들어갈 수 있을 만큼 대규모 시설이다. 이렇게 제련 과정을 거쳐 만들어진 순도 높은 니켈과 코발트 제품은 전 세계로 수출된다.

암바토비 니켈 광산은 2006년 투자를 시작해 2014년부터 본격적으로 생산이 시작되었다. 이곳에는 향후 30년 이상 생산할 수 있는 대규모 광물이 묻혀있다. 초기에는 수익이 나지

● 암바토비 니켈 플랜트

● 마다가스카르 지폐 2만 아리아리권에 들어있는 암바토비 니켈 플랜트 사진

않아 좋은 투자였는지 논란이 있었지만 최근에는 전기차 시장의 성장으로 2차 전지의 핵심 원료인 니켈 수요가 급증하면서 투자 가치가 다시 주목받고 있다.

광물 개발, 특히 해외 광물 자원 개발은 원래 단기간에 성과를 볼 수 있는 것이 아니다. 조금 더 긴 호흡으로, 단기적인 이익만이 아니라 중장기적으로 글로벌 공급망의 안정성을 확보한다는 차원에서 국가적으로 인내심을 가지고 결과를 기다릴 필요가 있다. 마다가스카르로서도 최첨단 시설인 암바토비 니켈 플랜트에 대한 기대가 매우 크다. 암바토비 니켈 플랜트를 국가적인 사업으로 간주하고 있어 마다가스카르 최고액권인 2만 아리아리 화폐에도 플랜트 사진이 들어있다.

암바토비는 니켈을 생산하는 것 외에도 환경 보호와 지역 주민을 위한 사회 환원 활동에도 적극적으로 참여하고 있다. 이 광산이 계속 성공적으로 운영되면 우리나라는 핵심 광물을 안정적으로 공급받을 수 있고, 마다가스카르 경제 발전에도 크게 기여할 것이다.

맨손으로 보석을 캐는 사람들

암바토비 니켈 광산은 최첨단 기술을 이용해 대규모로 광산을 개발하고 있지만 마다가스카르에는 맨손으로 광물을 채굴하는 사람들도 있다. 그 중 대표적인 것이 바로 사파이어 채굴이다.

마다가스카르에 사파이어, 루비 등의 보석류가 매장되어 있다는 것은 프랑스 식민지 시대에 이미 알려졌다. 하지만 본격적인 채굴이 시작된 것은 1994년부터이다. 현재 마다가스카르산 사파이어 생산량은 전 세계 사파이어 생산량의 약 40~60퍼센트를 차지한다. 중국과 인도의 중산층이 늘어나면서 사파이어를 찾는 수요가 급증해 가격도 상승세를 타고 있다.

사파이어 채굴로 만들어진 마을, 일라카카

사파이어에 관련된 일라카카 마을 이야기는 유명하다. 일라카카 사파이어 매장지는 약 4,000제곱킬로미터 규모로 현재 전 세계에서 가장 큰 사파이어 매장지 중 하나로 알려져 있다.

RN7을 타고 타나에서 남서부 해안 도시 똘리아라로 가는 길에 위치한 일라카카는 40명 정도가 살고 있는 작은 마을이었다. 원래 바라 부족이 살고 있었던 건조기후대의 반 농경, 반 목축 지대로 언뜻 사막처럼 보이는 땅이다. 개인 소유지도 아니고 정부에서 체계적으로 관리를 하고 있지도 않은 땅에서 1998년 사파이어가 발견되자 그야말로 '먼저 줍는 사람이 임자'인 상황이 되었다. 마치 미 서부 개척기 골드러시를 타고 서부로 이주한 사람들처럼 마다가스카르 전역에서 일확천금을 꿈꾸는 사람들이 몰려들었다.

초기의 일라카카는 무법천지였다. 학교도 병원도, 전기도 화장실도 없는 곳에 사람들이 나뭇가지로 만든 움막집을 짓고 살면서 사파이어를 채굴했다. 누군가 사파이어를 발견했다거나 사고팔았다는 소문이 나면 마다가스카르인이든 외국인이든 상관없이 공격받는 일이 흔했다. 경찰이 뇌물을 받고 무기를 빌려주는 일도 횡행했다.

우여곡절 끝에 지금의 일라카카는 인구 6만 명의 소도시로 성장했다. 학교와 병원이 생겼고 태양열을 이용한 발전기로

● 사파이어 채굴 도시 일라카카의 풍경

24시간 전기가 공급된다. 그러나 사파이어를 채굴하는 방식은 크게 변하지 않았다. 어딘가에서 사파이어가 발견되었다는 소문이 나면 사람들이 몰려들어 인근에 폭 1미터, 깊이 10미터의 구멍을 판다. 때로는 30~40미터까지 내려가기도 한다. 나무판으로 만든 사다리나 도르래를 타고 아래로 내려가 지표면과 평행으로 굴을 파는데 대부분 삽을 이용해 맨손으로 작업한다. 그 후 펌프로 물을 뽑아내는 과정에서 파낸 흙과 자갈을 강으로 옮겨 체로 치면서 보석을 찾는다.

이렇게 발견된 보석들은 중간 상인들이 사들인다. 대부분 스리랑카, 태국 등에서 온 보석 상인들이다. 스위스를 비롯한 여러 유럽 나라에서 온 업자들도 있다. 마다가스카르산 사파이어는 태국, 스리랑카 등에서 가공되어 최종적으로는 일본, 미국, 유럽 등지로 판매되며 까르띠에, 롤렉스, 스와치 같은 유명 보석 브랜드로 들어가기도 한다.

사파이어 채굴 방식의 변화

사파이어 채굴이 시작된 지 15년이 넘어가면서 얕게 묻혀있는 보석들은 거의 다 채굴된 것으로 보인다. 그동안에는 기업적으로 채굴하는 것보다 개별 채굴꾼에게 사파이어를 사들이는 것이 더 저렴했지만 상황이 달라지면서 기계화된 대규모 채굴을 하려는 기업들이 등장하고 있다. 지금까지는 중국 기업인이 채굴 기계 몇 대를 동원해서 채굴하는 정도이지만 최근에는 선진국의 대형 광업 회사들도 관심을 보이고 있다.

기업적 채굴과 개인적 채굴 중 어느 것이 마다가스카르 주민들에게 더 이로운지는 알 수 없다. 다만 현재 방식으로는 운이 좋은 일부를 제외하면 장시간 노동을 하면서도 벌이가 없는 사람도 많고, 사파이어를 캐더라도 보석값에 대한 지식이 모자라서 중간 상인들에게 헐값에 넘기는 경우도 부지기수이다. 광업 회사들이 진출한다면 환경 보전과 지역 주민들의 삶에 제대로 관심을 줄 수 있는 좋은 기업이 들어와 마다가스카르의 귀중한 광물 자원이 경제 발전을 위해 쓰일 수 있기를 바란다.

태양광 발전에 유리한 마다가스카르

부족한 주거 인프라

수도, 전기, 가스 또는 취사 및 난방용 연료 등은 현대인이 필요로 하는 최소한의 주거 인프라이다. 그러나 마다가스카르는 이것들의 공급도 안정적이지 않다.

도시에도 수도가 연결되지 않은 집이 많고, 마실 수 있는 물을 30분 이내에 구할 수 있는 사람은 41퍼센트에 지나지 않는다. 전기는 33.7퍼센트만 이용할 수 있는 환경이다. 농어촌 지역의 전기 보급률은 14퍼센트에 지나지 않으며, 남부 지역의 전기 보급률은 이보다 더 낮다(세계은행, 2020년 기준). 도시에서는 취사 및 난방용 연료로 프로판 가스를 이용하기도 하나 나무나

● 타나 시내의 공공 수도 시설. 타나 시내에도 수도가 연결 안 된 집이 많다. 그런 집들은 공공 수도 시설에서 약간의 돈을 내고 물을 받아가야 한다.

숯을 이용하는 경우가 더 많다.

일반적인 마다가스카르 국민은 말할 것도 없고 시내 고급 주택 단지에서조차 전기나 물이 안정적으로 공급되지 않는다. 개인이 물탱크를 설치하거나 석유로 가동하는 발전기를 설치해 단수와 정전에 대비하고 있다. 마다가스카르에서 제일 좋은 지역에 있는 한국대사관도 수시로 정전이 되곤 했다.

전력의 3분의 2를 생산하는 수력 발전

마다가스카르에는 아직 전국적인 국가 전력망이 없기 때문에 지역 발전소에서 생산된 전기를 지역별로 송전한다. 전력의 3분의 2는 수력 발전으로, 나머지는 석탄 화력 발전으로 생산한다. 중앙 고원지대와 동부 해안가 사이 급경사면에는 협곡도 많고 낙차가 큰 강도 많아 수력 발전소를 건설하기에 유리한 지형이다. 하지만 수력 발전 잠재력이 충분히 구현되지 못하고 있고, 기존에 건설된 수력 발전소도 노후화된 경우가 많다.

전기 생산이 안정적이지 못하기 때문에 대규모 광산이나 공장은 자체적으로 소규모 발전소를 운영하기도 한다. 암바토비 니켈 플랜트의 경우 자체 석탄 열병합 발전소를 보유하고 있는데 우리나라 한전 KPS에서 운영한다.

새로운 희망, 태양광 발전

마다가스카르의 열악한 전력 상황에 새로운 희망이 되는 것이 바로 태양광 발전이다. 마다가스카르는 위도가 낮아 연평균 일조 시간이 2,800시간 이상으로 일조량이 풍부해 태양광 발전에 적합하다. 비교하자면 우리나라 제주도의 연평균 일조 시간은 2,500~2,600시간이다. 특히 남부 지역은 비가 거의 내리지 않고 연중 뜨거운 햇볕이 내리쬐어 태양광 발전에 최적화되어 있다.

수력 발전이나 화력 발전에 비해 태양광 발전이 자연 보호와 기후 변화 대응에 유리한 것은 두말할 필요도 없다. 여기에 더해 마다가스카르와 같이 국가 전력망은커녕 지역 전력망도 미비한 최빈 개발도상국에서 태양광 발전의 장점은 바로 소규모 발전, 심지어 가정 단위 발전도 가능하다는 것이다.

타나 인근은 물론 외딴 시골에서도 나무 기둥을 박고 태양광 패널을 설치한 태양광 가로등을 쉽게 볼 수 있다. 낮에 태양광으로 생산한 전기를 저장해 두었다가 날이 어두워지면 자동으로 불이 들어오는 센서를 설치한 태양광 가로등은 칠흑 같았던 마다가스카르 마을의 밤을 밝혀주고 있다.

몇몇 NGO와 재생에너지 기업에서는 솔라유나이티드*Solar United*라는 연합체를 만들어서 전기 시설이 없는 학교에 태양광 패널을 설치해 전력을 공급하는 한편 '빛 도서관'이라는 재미있는 사업을 진행하고 있다. 마치 도서관에서 책을 빌려다 읽는 것처럼 이 도서관에서는 빛을 빌려준다.

학교에 설치된 태양광 패널로 낮 동안 태양광 손전등을 충전하고 이 손전등을 하교하는 아이들에게 빌려줘 저녁에 손전등을 켜고 공부를 할 수 있도록 하는 것이다. 전기를 다 써버려도 다음 날이면 다시 충전할 수 있어 태양광 손전등을 지급받은 아이들은 걱정 없이 숙제도 하고 책도 읽을 수 있다.

태양열 조리기도 시골 주민들, 특히 여성과 아이들의 삶의 질을 크게 바꿔놓을 수 있는 기술이다. 마다가스카르 시골에서는 음식 조리를 위해 나뭇가지나 숯을 이용하는 경우가 많다.

● 태양열 조리기

나뭇가지를 주워 오는 것은 대개 여성과 아이들의 몫인데 태양열 조리기를 사용하면 이 노동에서 벗어날 수 있다. 또한 땔감을 구하기 위해 훼손되는 숲도 보호할 수 있다.

태양광을 이용한 대규모 전력 생산은 이제 시작 단계이다. 2019년 타나에서 35킬로미터 떨어진 남쪽에 3만 6,000평 규모의 태양광 패널을 설치해 20메가와트 규모의 전력을 생산하고 있고 세계은행, 선진국의 원조 기관에서도 여러 사업을 지원하고 있다.

마다가스카르의 태양광 발전을 통해 감축된 탄소 감축분을 선진국에서 사들이는 국제 배출권 거래가 활발해지면 탄소배출 감축과 마다가스카르의 경제 발전을 동시에 이루는 데 크게 기여할 수 있을 것이다.

마다가스카르의 수수께끼를 넘어서

한국보다 잘살았던 나라

2023년 세계은행 통계에 따르면 마다가스카르의 국민 총생산은 약 160억 달러, 1인당 국민 소득은 528달러로, 우리나라 1인당 국민 소득(3만 3,121달러)의 약 60분의 1에 지나지 않는다. 국민 소득 기준으로 보통 아래에서 5위, 경제 상황이 좋은 해에는 아래에서 10위 안에 들어가는 최빈 개발도상국 중 하나이다. 하루에 1인당 2.15달러 이하로 생활하는 빈곤 인구가 2022년 기준 80.2퍼센트에 달한다. 2023~2024년 기준 유엔개발계획의 인간개발지수*Human Development Index*•로는 193개국 중 177위를 기록했다.

마다가스카르가 처음부터 이렇게 가난한 나라인 것은 아니었다. 1960년 프랑스로부터 독립한 이후 1967년까지는 우리나라보다 1인당 국민 소득이 높았다. 사하라 이남 아프리카와 비교해도 마다가스카르의 저성장은 두드러진다. 1960년부터 2022년까지 사하라 이남 아프리카의 1인당 국민 소득은 125달러에서 1,700달러로 늘어났지만 마다가스카르의 1인당 국민 소득은 132달러에서 510달러로 늘어나는 데 그쳤다.

왜 마다가스카르는 성장이 더딜까?

왜 마다가스카르는 유독 경제 성장에 어려움을 겪었을까? 마다가스카르와 비슷하게 빈곤한 다른 나라들을 보면 전쟁이나 내전을 겪었다거나 경제 성장에 적합하지 않은 자연환경 등과 같은 확실한 이유가 있다.

그러나 마다가스카르의 발전이 더딘 이유는 한 마디로 설명하기가 어렵다. 토지는 비옥하고, 해산물과 광물 자원 등 부존자원은 풍부하며, 사람들은 누구보다 근면 성실하고 손재주도

• 소득뿐 아니라 보건, 교육 등 다양한 사회 발전 정도를 토대로 평가한 수치이다.

뛰어나다. 섬이라는 지리적인 특성상 많은 신생 독립국을 괴롭혔던 국경 분쟁이나 외부의 군사적 위협에서도 자유롭다. 18개의 부족이 있긴 하지만 하나의 언어를 사용하는 마다가스카르인으로서의 정체성을 가지고 있으며 종교 갈등도 거의 없어 심각한 종족 분쟁이나 내전을 겪어본 적도 없다. 그런데도 경제 성장이 더디었던 것에 대해 경제학자들은 '마다가스카르의 수수께끼'라고 부르기도 한다.

수치로 입증하기는 어렵지만 마다가스카르의 저성장을 설명하는 키워드는 '정치적 혼란'과 '정책 실패'였다고 본다. 마다가스카르는 독립 이후에도 프랑스계 자본이 경제를 장악하고 있었다. 그런데 세심한 계획 없이 감정적으로 탈프랑스화를 추진하고 사회주의 경제 정책을 채택하면서 나라 경제 전체가 혼란에 빠져들었다. 1990년대 초부터는 사회주의 경제 정책을 포기하고 자유화를 추진했지만 이후 경제가 안정되려고 할 때마다 정치적 갈등이 앞을 가로막았다.

마다가스카르의 기적을 위해

현재의 마다가스카르는 과거 어느 때보다 경제 발전에 유리한 상황이다. 2019년 민주적인 선거로 당선된 안드리 라조엘리나 대통령은 야심 찬 경제 개발 정책을 시작했으며, 2023년 재선에 성공해 안드리 라조엘리나 2기 정부가 출범했다.

안타깝게도 안드리 라조엘리나 1기 정부는 대통령 취임 직후 코로나19 팬데믹으로 빠른 성과를 거두지는 못했지만 사회주의 경제 정책, 만연한 부패, 지리멸렬한 리더십 등으로 실패를 거듭한 전 대통령들과 달리 시장 친화적 경제 정책을 통해 외국인 투자를 유치하고 경제 발전을 이루어낸다는 정책 방향 아래 강력한 리더십으로 안정적인 국정 운영을 하고 있다.

이제 코로나19 팬데믹도 종식되었고 세계 경제도 정상화된 만큼 안드리 라조엘리나 2기 정부의 적극적인 경제 개발 정책이 마다가스카르의 수수께끼를 넘어 마다가스카르의 기적을 만들어내기를 기대해 본다.

함께 생각하고 토론하기

마다가스카르는 다른 아프리카 국가와 달리 외부 세력과의 전쟁이나 부족 갈등, 종교 갈등으로 인한 내전을 겪은 적이 없습니다. 서로 다른 18개의 부족이 존재하지만 모두 같은 언어를 사용하고 같은 문화권에 속해 있기 때문에 국민 통합에도 유리한 상황이었습니다. 그러나 1968년까지 한국보다 앞서 있던 마다가스카르의 경제는 부침을 거듭해 현재 마다가스카르의 1인당 국내 총생산은 한국의 약 60분의 1에 지나지 않습니다.

● 한국이 경제 발전에 성공했지만 마다가스카르는 그러지 못한 이유는 무엇이라고 생각하는지 이야기해 봅시다.

●● 마다가스카르 경제에서 발전 가능성이 가장 큰 분야는 무엇이라고 생각하나요? 이 분야를 육성하기 위해 정부는 어떤 노력을 해야 하는지 이야기해 봅시다.

마다가스카르의 빈부 격차가 극명하게 드러나는 부문 중 하나는 교육입니다. 최상류층은 프랑스어로 수업하는 학교에서 뛰어난 교육을 받고 프랑스에 있는 대학으로 진학하는 경우가 많습니다. 중산층과 서민층도 재능이 있다면 본인 노력에 따라 명문 대학에 입학해 본인의 꿈을 펼쳐 나갈 수 있습니다. 그러나 도시 빈민층 또는 아직 자급자족 단계에 머물러 있는 농촌 주민 중에서는 초등학교도 졸업하지 못하는 사람도 많습니다.

● 마다가스카르 교육의 질, 특히 경제적으로 낙후된 지역의 교육 환경을 개선하기 위한 방법에 대해 생각해 봅시다.

● ● 마다가스카르는 전 국민이 말라가시어를 사용하고 있지만 말라가시어와 프랑스어를 공용어로 지정하고 있습니다. 두 언어를 사용하는 이유는 무엇이며, 이는 마다가스카르에 어떤 영향을 끼치고 있는지 이야기해 봅시다.

● ● ● 싱가포르처럼 우리나라에도 '영어 공용화'가 필요하다고 주장하는 사람들이 있습니다. 영어 공용화에 대해 어떻게 생각하는지 이야기해 봅시다.

3부

역사로 보는 마다가스카르

"바다가 나의 논의 경계가 될 것이다."

– 남뿌이나 왕

초기 마다가스카르의 역사

마다가스카르에 최초의 인류가 도착한 것은 기원후 500년 경으로 현재의 인도네시아에서 온 말레이-인도네시아계 사람들이 정착하기 시작했다. 이후 아프리카 반투인과 아랍 상인들이 차례로 정착하며 여러 부족 국가를 이루었다. 하지만 마다가스카르의 역사와 생활이 본격적으로 기록된 것은 16세기 경 유럽인들이 이곳에 도착하면서부터였다.

유럽인들, 마다가스카르에 오다

마다가스카르에 도착한 최초의 유럽인으로 역사에 기록된 사람은 1500년 희망봉을 돌아 인도로 가던 중 폭풍우를 만나 마다가스카르 최북단 섬에 좌초된 포르투갈 항해사 디에고 디아스Diego Dias이다. 6년 후 또 다른 포르투갈 탐험가인 페르난도 수아레즈Fernando Suarez가 같은 섬에 도착했다. 이들을 기념해 그 지역의 이름을 '디에고-수아레즈(현 안치라나나)'로 불렀다. 1508년에는 남부 해안 똘라나로 인근에 최초의 포르투갈 기지가 건설되었다.

그 후 프랑스인과 영국인도 마다가스카르에 도착했다. 프랑스인들은 1642년 똘라나로를 시작으로 동부 해안 토아마시나를 포함한 여러 해안 지역에 크고 작은 무역 기지를 세웠다. 한편 영국인들은 마다가스카르 인근의 작은 섬 모리셔스를 거점으로 삼아 마다가스카르에 진출했다. 특히 1818년에는 영국의 런던선교회 소속 선교사들이 마다가스카르 사람들에게 알파벳으로 말라가시어를 표기하는 방법을 가르치고 신기술을 전수했다.

마다가스카르에는 해적들이 자주 출몰했는데 전설에 따르면 프랑스 해적 제임스 미숑James Mission이 마다가스카르 북동쪽의 작은 섬 노지 보로하에 '리베르타시아Libertatia'라는 이름의 해적 공화국을 세웠다고 한다.

마다가스카르에 존재한 왕국

16세기 이전에도 마다가스카르 전역에는 사람들이 살고 있었지만 20여 개의 부족이 크고 작은 왕국으로 나뉘어 있었다. 이들은 서로 한 나라라고 여기지 않았다. 유럽인들이 처음 마다가스카르에 도착했을 때 해안 지역에는 주로 농업이나 목축업에 종사하는 독립 국가들이 있었으나 정복 전쟁이나 국경 분쟁은 매우 드물었다.

마다가스카르 남부에 도착한 프랑스인들은 이슬람 왕국을 발견했고, 북부에 도착한 포르투갈인은 아프리카-아랍계가 주로 살고 있는 마을을 발견했다. 포르투갈인이 기록한 자료에 따르면 16세기 마다가스카르 동남부에 아프리카-아랍계 무슬림이 도착해 토착민들과 결혼하면서 안테무루 부족을 형성했고, 이들은 1630년대에 강력한 신정 국가를 세웠다고 한다.

주로 해안가에 머물렀던 유럽인들에게는 잘 알려지지 않았지만 16세기 중반 마다가스카르 동남부 그리고 중앙부에 강력한 왕국들이 건설되기 시작했다. 특히 동남부의 마로세라나 왕국과 중앙 고원의 아드리아나-메리나 왕국(훗날의 메리나 왕국)은 여러 부족을 통합하면서 영토를 넓혔다. 또 마다가스카르 서부에 형성된 메나베 왕국과 보이나 왕국은 나중에 사칼라바 왕국으로 통합되어 마다가스카르 서부 해안의 대부분을 통치했다. 사칼라바 왕국의 전사들은 용맹함으로 이름을 떨쳤으며 결혼과 정복을 통해 마로세라나 왕국까지 통합했다. 그러나 내부의 권력 투쟁, 이슬람교와 조상 숭배 전통 간의 갈등 등으로 세력이 약해져 메리나 왕국과의 전쟁에서 패배했다.

통일 마다가스카르에서 식민지가 되기까지

마다가스카르의 태종무열왕, 남뽀이나 왕

메리나 왕국은 16세기 말 중앙 고원 타나 지역을 기반으로 건설되었다. 여러 부족으로 분열되어 있던 메리나 왕국에 1787년 남뿌이나 왕이 취임했다. 탁월한 리더이자 행정가, 군사 지도자였던 그는 우선 열두 소왕국으로 분열되어 있던 메리나 부족을 통일한 후 다른 부족들을 하나씩 복속시켜 나갔다.

남뿌이나 왕은 단일한 법령과 행정 체제를 도입하는 한편 프랑스에 노예를 수출하는 대가로 수입한 신식 총을 무기로 사용하며 군사력을 강화해 나갔다. 남뿌이나 왕이 사망할 때쯤에는 사칼라바 부족을 비롯한 일부 부족을 제외하고는 마다가스카르의 거의 전 지역이 메리나 왕국의 통치 아래에 있었다. 1810년 임종을 앞둔 남뿌이나 왕은 마다가스카르의 통일을 당부하며 유언을 남겼다.

남뿌이나 왕의 초상화

"바다가 나의 논의 경계가 될 것이다. *The sea will be the boundary of my rice field*"

그의 아들 라다마*Radama* 1세는 아버지의 유언대로 마다가스카르의 통일을 이루었다.

통일 왕국의 건설, 라다마 1세

17세의 어린 나이로 즉위한 라다마 1세는 마다가스카르 통일을 위해 영국과 손을 잡았다. 수에즈 운하가 건설되기 전 영국으로서는 영국 본토-남아프리카공화국-인도를 연결하는 해상 교통로를 장악하는 것이 무엇보다 중요했다. 남아프리카공화국에서 인도로 가는 길목에 있는 모리셔스를 이미 장악했지만 마다가스카르를 다른 유럽 국가, 특히 프랑스가 점령한다면 영국의 제해권에 심각한 위협이 될 터였다. 프랑스를 견

라다마 1세의 초상화

제하기 위해 영국도 라다마 1세와의 협력이 필요했다.

영국은 라다마 1세를 '마다가스카르의 왕'으로 인정하는 우호 협력 조약을 체결하고 무기를 공급하며 정책 고문을 파견했다. 1817년 라다마 1세는 동부 해안의 중심 도시 토아마시나를 병합했고, 1824년 마지막까지 저항했던 사칼라바 왕국까지 정복해 통일의 위업을 달성했다.

근대화냐, 쇄국이냐

영국의 도움으로 마다가스카르를 통일한 라다마 1세는 당연히 영국에 호의적이었고 서양 문물을 적극적으로 수용하면서 마다가스카르의 근대화를 추진했다. 런던선교사회를 중심으로 한 영국 선교사들은 마다가스카르 전역에 기독교를 전파했다. 말라가시어를 로마 알파벳으로 표기하는 방법이 발달하면서 말라가시어 성경이 보급되기도 했다.

1828년 라다마 1세가 사망하고 그의 부인이 라나발루나

Ranavalona 1세 여왕으로 즉위하면서 메리나 왕국의 정책은 180도 전환되었다. 라나발루나 1세는 기독교를 탄압하고 쇄국 정책을 펼쳤다. 만민 평등을 주장하는 기독교를 전통 사회에 대한 위협으로 본 것이다. 라나발루나 1세 여왕의 치세 동안(1828년~1861년) 수많은 영국 선교사와 마다가스카르 기독교도가 순교했다.

1861년 라나발루나 1세 여왕이 사망하고 그 뒤를 이은 라다마 2세는 다시 개방 정책으로 돌아섰다. 영국의 개신교와 프랑스의 가톨릭 선교사가 경쟁적으로 선교 활동을 펼쳤으며 외국 상인들도 다시 들어왔다. 그러나 라다마 2세는 재위 3년 만에 살해당하고 귀족들은 군 최고 지휘자였던 라이닐라이아리부니*Rainilaiarivony*를 총리직에 취임시켰다. 이때부터 마다가스카르는 사실상의 입헌군주국으로 전환되었다.

라이닐라이아리부니 총리는 세 명의 여왕과 결혼하는 방식으로 정통성을 유지했으며 취임 후에는 계속해서 근대화 정책을 펼쳤다. 개신교를 우대하고 토착 신앙을 억압했으며 기초교육을 의무화하고 전통적인 관습과 일부일처제 같은 서양 법률을 융합해 새로운 법전을 만들었다. 영국과 우호 관계를 강화해 프랑스를 견제하는 정책을 펼치고 영국 교관들을 고용해 마다가스카르 군대를 현대화하는 등 근대화를 적극적으로 추진해 나갔다.

제국주의 시대의 소용돌이

마다가스카르가 영국과 손을 잡고 섬을 통일한 이후에도 프랑스는 마다가스카르를 포기하지 않고 호시탐탐 기회를 노렸다. 1883년부터 1885년까지 군사적 공격을 계속한 끝에 프랑스는 안치라나나에 정착촌을 건설하고 타나에 살 수 있는 권리를 얻었다.

제국주의 시대 약소국의 운명은 거대한 국제 정치의 흐름에서 벗어나기 어려웠다. 영국이 마다가스카르에 공을 들인 이유는 자국 식민지인 남아프리카공화국을 거쳐 인도로 가는 길목에 있는 마다가스카르의 전략적 가치 때문이었다. 그러나 1860년 수에즈 운하가 개통되면서 지중해에서 아라비아해를 거쳐 인도로 가는 경로가 열리자 영국은 마다가스카르보다 이집트를 효과적으로 통제하는 것이 더 중요해졌다. 이에 따라 영국은 이집트 진출의 교두보인 우간다와 우간다로 가는 길목에 있는 잔지바르섬에 관심을 집중했다.

결국 프랑스와 영국은 잔지바르에서 영국의 영향력을, 마다가스카르에서 프랑스의 영향력을 상호 인정하는 조약을 체결했다. 이는 마치 1905년 을사늑약 직전 미국과 일본이 가쓰라-태프트 밀약을 맺어 미국의 필리핀 지배와 일본의 대한제국 지배를 상호 승인했던 역사를 떠오르게 한다.

굳게 믿고 있던 영국이 하루아침에 마다가스카르와의 의리

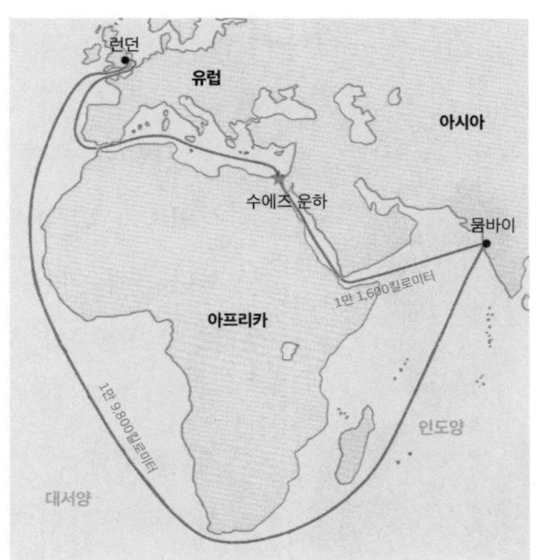

● 수에즈 운하 건설 전후 인도로 가는 길

를 헌신짝처럼 버리자 아무도 프랑스를 막을 수 없게 되었다. 프랑스군은 1894년 토아마시나를, 1895년 1월 마하장가를 점령한 후 타나로 진격했다. 마다가스카르는 용맹하게 저항했으나 1895년 9월 30일 압도적인 군사력을 지닌 프랑스에 결국 타나를 내주었고 1896년 1월 1일 정식으로 항복했다. 그리고 1960년 독립할 때까지 프랑스 식민지가 되었다.

마다가스카르의 마지막 여왕

● 마다가스카르의 마지막 여왕, 라나발루나 3세 여왕

마다가스카르가 프랑스의 식민지가 된 후에도 라나발루나 3세 여왕은 형식적으로 국가원수의 지위를 유지했으나 결국 1896년 8월 6일 폐위되었다.

프랑스는 한때 여왕을 상징적인 국가원수로 남겨두는 방안을 검토했으나 마다가스카르 내 독립운동이 지속되자 여왕이 그 구심점이 될 것을 우려했다.

이에 1897년 2월 27일 라나발루나 3세 여왕을 마다가스카르 인근 프랑스 식민지인 레위니옹으로 이주시키고, 라이닐라이아리부니 총리가 사망한 후 여왕과 왕실 가족은 마다가스카르에서 더 멀리 떨어진 프랑스 식민지 알제리로 이송되었다.

라나발루나 3세 여왕은 1917년 55세의 나이로 사망할 때까지 알제리에서 여생을 보냈다. 그녀는 사망한 지 21년이 지나서야 마다가스카르로 돌아와 여왕궁에 안장될 수 있었다.

독립을 향한 열망

프랑스는 곧 마다가스카르 전역을 통치하게 되었지만 마다가스카르 사람들이 이를 순순히 받아들인 것은 아니었다. 1895년 프랑스군이 타나를 점령한 직후 사칼라바 부족을 중심으로 '메날람바*Menalamba*'라는 이름의 저항 운동이 시작되었다. 메날람바는 말라가시어로 '붉은 숄'을 뜻하며 마다가스카르 사람들이 자발적으로 일으킨 반외세 저항 운동이었다.

초기 메날람바 운동은 반외세, 반기독교, 반부패를 기조로 삼았으나 점차 마다가스카르 기독교도까지 포함하는 광범위한 저항 세력으로 확대되었다. 당시 메리나 왕조는 부패와 혼란의 주범으로 여겨져 국민의 신망을 잃은 상태였기에 왕조를 복권하려는 움직임은 거의 없었다. 그러나 여왕의 친척과 측근 일부가 메날람바 운동의 주동자로 지목되어 처형당하거나 추방되기도 했다.

메날람바 운동은 1896년 중반 최전성기에 30여만 명이 참여하며 한때 타나를 포위하기도 했다. 그러나 통일된 지도부가 없었던 이 운동은 결국 프랑스의 압도적인 무력에 의해 진압되었다. 중앙 고원지대에서는 1900년, 지방 해안 지역에서는 1903년경에 완전히 진압되었으며 그 과정에서 약 10만 명의 마다가스카르인이 사망한 것으로 추정된다.

프랑스의 식민 통치

식민화 과정도 그렇지만 이후 마다가스카르에서 일어난 일들도 우리나라 일제 강점기와 매우 흡사하다. 프랑스는 주요 행정기관의 장을 마다가스카르인에서 프랑스인으로 교체했으나 말단 간부들은 여전히 마다가스카르인으로 채웠다. 학교에서는 프랑스어 수업이 의무화되었고 프랑스 제품의 수입에는 관세 혜택이 주어졌다.

토아마시나 항구와 타나를 잇는 철도와 도로가 건설되기 시작했으며 이후 전국적으로 철도, 자동차 도로, 항만, 공항 등 육해공 교통 인프라가 구축되었다. 그러나 이는 마다가스카르의 발전을 위한 것이 아니라 수탈을 목적으로 한 것이었다.

대외 교역의 4분의 3은 프랑스와 이루어졌다. 마다가스카르는 주로 공산품을 수입하고 쌀, 마니옥, 고무, 고기, 흑연 등 식량과 원자재를 수출했다. 제1차 세계대전 이후에는 커피, 바닐라, 정향, 담배 등의 플랜테이션이 확대되었다.

도시를 중심으로 생활 양식의 서구화가 진행되었으며 이 시기 전체 국민의 약 절반이 기독교도가 되었다. 1920년대에는 독립이 요원하다고 여긴 마다가스카르인들이 독립 대신 프랑스인과 동등한 대우를 요구하기도 했다. 그러나 이러한 요구는 수용되지 않았으며 마다가스카르인들의 민족주의는 더욱 강해졌다.

독립으로 가는 길

제2차 세계대전이 끝난 후 더 이상 제국주의적 식민지 경영 방식이 불가능해지자 1946년 프랑스는 프랑스 식민지들에 대해 본국과 동등한 의무와 권리를 보장하며 프랑스연합*French Union*을 구성했다. 마다가스카르도 프랑스연합의 일원이 되어 프랑스 의회에 대표자를 파견했으며 마다가스카르 내에도 지방의회가 설치되었다.

그러나 이는 국제 사회에 보여주기 위한 형식적인 조치에 불과했다. 지역별 통화를 사용할 수 있게 한 것을 제외하면 실질적 자치권은 거의 인정되지 않았다. 이에 베트남, 알제리 등

● 타나 시내에 있는 마다가스카르의 초대 대통령, 필베르 치라나나의 동상

에서는 완전한 독립을 요구하는 무장 투쟁이 전개되었고, 마다가스카르 동부에서도 1947년 3월부터 1949년 2월까지 독립을 요구하는 강력한 무력 시위, 이른바 말라가시 봉기가 발생했다. 이 봉기로 프랑스군에 의해 살해된 공식적인 사망자는 1만 1,000명이지만 질병, 기아 등으로 최대 10만 명이 희생되었을 거라고 추정하기도 한다.

결국 시대를 거스를 수 없었던 프랑스는 1958년 프랑스연합을 프랑스공동체*French Community*로 개편하고 식민지에 대폭적인 자치를 인정했다. 이에 따라 마다가스카르는 프랑스공동체 소속으로 '말라가시 공화국*Malagasy Republic*'이라는 자치 공화국이 되었고 점차 독립 국가로 나아가는 절차를 밟았다.

한때 학교 교사였으나 정치에 입문해 프랑스연합 의회에서 마다가스카르를 대표했던 필베르 치라나나*Philbert Tsiranana*가 1959년 행정 수반으로 선출되었고, 1960년 6월 26일 마다가스카르는 꿈에 그리던 완전한 독립을 이루었다. 필베르 치라나나는 독립국 마다가스카르의 초대 대통령으로 취임해 1972년까지 집권했다.

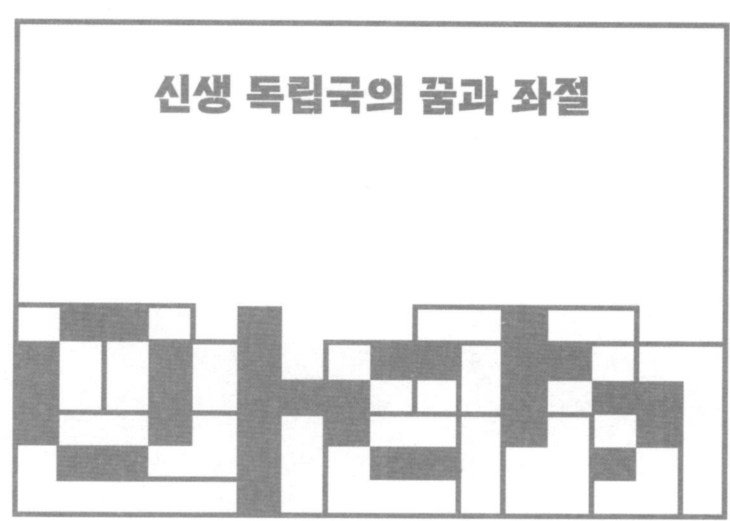

신생 독립국의 꿈과 좌절

독립의 영광은 잠시, 계속되는 혼란

마다가스카르의 초대 대통령이 된 필베르 치라나나 대통령은 농민의 삶의 질 개선을 중심으로 한 온건 사회주의 성향의 경제 개발 정책을 추진했다. 외교적으로는 프랑스와의 강한 유대를 유지하면서 미국, 서독, 대만 등 반공 세력과의 관계도 발전시켰다. 그러나 독립 이후에도 마다가스카르 정부 정책에는 프랑스의 영향력이 강하게 작용했다. 정부 각 부처에 프랑스 자문관이 포진하고 있어 통화, 금융, 산업 정책에 이르는 대부분의 경제 정책에 프랑스의 입김이 강하게 작용했다.

필베르 치라나나 대통령은 1965년과 1972년 선거에서 연이어 승리했지만 경제적·사회적 불안이 계속되고 건강까지 악화되면서 결국 1972년 가브리엘 라마난쪼아*Gabriel Ramanantsoa* 장군에게 전권을 위임하며 퇴임했다.

1972년 10월 선거를 통해 정식 행정 수반이 된 가브리엘 라마난쪼아 대통령은 이전 정부의 온건 사회주의 노선에서 벗어나 급진적인 사회주의 정책을 추진했다. 특히 독립 이후에도 마다가스카르를 정치·경제적으로 장악하고 있던 프랑스와의 관계를 청산하는 데 주력했다. 그때까지 주둔하고 있던 프랑스 군대가 1973년 철수했고, 안치라나나에 남아있던 프랑스 해군 기지도 1975년 마다가스카르에 반환되었다. 또한 라마난쪼아 정부는 소련과의 관계를 강화하며 프랑스인 소유의 기업들의 국유화를 진행했다. 하지만 졸속으로 추진된 이러한 정책은 오히려 사회적 혼란을 가중했다.

정치·사회적 혼란을 수습하지 못한 라마난쪼아 대통령은 1975년 내무부장관 출신의 리차드 라찌만드라바*Richard Ratsimandrava* 대령에게 권력을 넘겼다. 그러나 리차드 라찌만드라바 대령은 6일 만에 암살당했고, 그 뒤를 이은 질 안드리아마하조*Gilles Andriamahazo* 장군도 불안정한 정세 속에서 4개월 만에 물러났다.

이 혼란을 수습한 인물은 디디에 라치라카 소령이었다. 그는 무력으로 정권을 장악한 후 1975년 12월 선거를 통해 정식 대통령으로 선출되며 혼란의 시대를 종식했다.

디디에 라치라카와 알베르 자피의 대결

● 디디에 라치라카 대통령

1976년 1월 대통령에 취임한 디디에 라치라카는 마다가스카르를 '마르크시스트 공화국'으로 선포하며 사회주의적 개혁을 본격적으로 추진했다. 그는 '보호주의 아래 사회주의 천국'을 건설하겠다는 경제 기조를 내세워 은행, 산업, 주요 인프라를 국유화하며 가브리엘 라마난쭈아 정부의 급진 사회주의 정책을 이어갔다. 그러나 이러한 정책은 수출 감소, 물가 상승, 국가 채무 확대 등 마다가스카르 경제 전반을 붕괴시켰고, 결국 1980년 국제통화기금IMF에 구제 금융을 요청하기에 이르렀다.

경제적 실패에도 불구하고 대중적 지지를 바탕으로 1982년 재선에 성공한 디디에 라치라카 대통령은 급진적 사회주의 정책을 철회하고 국제통화기금의 권고에 따라 민영화와 긴축 재정 등 시장 친화적 정책으로 전환했다. 그러나 민영화 과정이 대통령 측근들에게 유리한 방식으로 진행되면서 국민의 불만은 더욱 커졌다.

디디에 라치라카는 1987년 대선에서 간신히 승리했지만 정권 내부의 분열과 야당의 결집으로 국정 운영이 점점 더 어려워졌다. 선거 결과에 항의하는 시위가 잇따르자 국제 사회의 압박 속에서 그는 대통령직을 유지하되 대학교수 출신인 야당 지도자 알베르 자피*Albert Zafy*와 공동 정부를 구성하기로 합의했다.

디디에 라치라카와 알베르 자피의 대결로 펼쳐진 1993년 2월 대선에서는 알베르 자피가 승리하며 17년간 이어진 디디에 라치라카의 통치는 막을 내렸다. 그러나 알베르 자피 대통령의 정치적 리더십은 국민의 기대에 미치지 못했고 결국 정치·경제적 불안과 거리 시위가 다시 반복되었다.

1996년 7월 의회는 알베르 자피 대통령을 탄핵했고, 이어진 대선에서 디디에 라치라카와 알베르 자피의 재대결이 치러졌다. 이 선거에서 디디에 라치라카는 가까스로 승리했다. 1999년 중반 사회주의 노선을 공식적으로 폐기한 디디에 라치라카 정부는 국제통화기금과 구제 금융 협정을 체결했고 비로소 마다가스카르의 정치·경제적 불안은 조금 진정되었다.

서민적 개혁 대통령 마크 라발로마나나의 등장

2001년 12월 대선은 당시 대통령인 디디에 라치라카와 마크 라발로마나나Marc Ravalomanana 타나 시장의 대결로 치러졌다. 이전까지 마다가스카르 대통령은 주로 대학교수나 군인 등 엘리트 출신이었으나 마크 라발로마나나는 가난한 농부의 아들로 태어났다. 고등학교를 겨우 졸업한 후 집에서 만든 요거트를 팔기 시작한 그는 뛰어난 사업 수완을 발휘해 '티코Tiko'라는 종합 유제품 회사와 마트 체인을 거느린 성공한 기업가가 되었다. 이후 정치에 뛰어들어 1999년 타나 시장이 되었고, 2001년 대선에 도전한 것이다.

마다가스카르의 대통령 선거는 후보 중 누구도 유효 투표수의 과반수를 차지하지 못할 경우 1위와 2위 간에 결선 투표를 치르는 방식을 채택하고 있다. 두 후보 모두 1차 투표에서 과반수를 획득하지 못했기 때문에 결선 투표가 예정되어 있었다. 하지만 마크 라발로마나나는 선거 부정이 있었다고 주장하면서 자신이 승자임을 일방적으로 선언했고, 이에 따라 두 후보의 지지자 간에 충돌이 발생했다. 2002년 4월 헌법재판소가 마크 라발로마나나의 승리를 인정했으나 디디에 라치라카 대통령은 이를 수용하지 않았다. 결국 마크 라발로마나나와 그의 지지 세력은 무력으로 권력을 장악했고, 디디에 라치라카 전 대통령은 2002년 7월 프랑스로 망명했다.

많은 혼란 끝에 대통령에 취임한 마크 라발로마나나는 여러 개혁 정책을 신속하게 펴나갔다. 특히 기업가로서의 경험을 살려 친기업 정책을 펼치고 외국인 투자를 적극 유치하면서 마다가스카르 경제를 크게 개선했다. 그의 정책은 국제 사회에서도 긍정적인 평가를 받았다. 이후 비교적 자유롭고 공정하게 치러진 2006년 12월 대선에서 그는 무난하게 재선되었다.

쿠데타를 일으킨 디제이

서민적인 개혁 대통령으로 큰 인기를 얻었던 마크 라발로마나나 대통령은 안타깝게도 초심을 잃고 말았다. 재임 동안 여러 부패 스캔들에 연루되었으며 경제 상황도 다시 어려워져 국민의 신뢰를 잃었다. 2008년 하반기에는 타나 시장인 안드리 라조엘리나*Andry Rajoelina*가 그의 라이벌로 부상했다. 마크 라발로마나나 대통령이 안드리 라조엘리나 시장의 대선 출마를 방해하려는 움직임을 보이자 2009년 1월 두 진영 간에 무력 충돌이 발생했다. 결과는 군부의 지지를 얻은 안드리 라조엘리나가 2009년 3월 15일 대통령궁을 무력으로 점령하는 쿠데타를 일으켜 스스로 고등이행정부 의장*President of High Transitional Authority*에 취임하며 정권을 잡는 것으로 끝났다.

당시 외신은 그의 과거 디제이 경력을 언급하며 '쿠데타를 일으킨 디제이'라는 식으로 보도하기도 했으나 실제로 그는 부유한 군인 가문 출신의 엘리트로, 출판 홍보 회사와 방송국을 운영한 유능한 기업인이었다.

그러나 쿠데타로 세워진 정부의 정통성을 국제 사회에서 쉽게 인정받을 수는 없었다. 국제 원조에 크게 의존하던 마다가스카르 경제는 치명타를 입었고 사회적 혼란도 심화되었다. 결국 국제 사회의 압력으로 안드리 라조엘리나 의장과 마크 라발로마나나 전 대통령 모두 차기 대선에 출마하지 않는다는 조건으로 대선이 치러졌다. 대신 두 사람은 각각 대리인을 내세웠으며 안드리 라조엘리나 측의 에리 후보가 승리해 2014년 1월 대통령에 취임했다. 이를 통해 마다가스카르의 헌정 질서는 회복되었고 국제 사회의 제재도 해제되었다.

● 에리 대통령

하지만 안드리 라조엘리나의 지원을 받아 대통령직에 오른 에리는 이후 안드리 라조엘리나를 배신하고 새로운 정당을 창당하며 독자적인 행보를 시작했다.

다시 민주주의로

단임으로 끝난 에리 대통령

5년 만에 헌정 질서가 회복되고 민주적 절차를 거쳐 취임한 에리 대통령의 정부는 국제 원조가 재개되면서 경제의 숨통이 약간 트이기는 했지만 국민의 삶은 여전히 어려웠다. 게다가 엘리트 경제학 교수 출신인 에리 대통령의 현실 인식은 일반 국민의 삶과는 너무 동떨어져 있었다. 특히 그의 부인은 7,000달러가 넘는 명품 드레스를 입고 국가 행사에 참석해서 국민적 분노를 불러일으켰다. 심상치 않은 여론에 그녀는 “마다가스카르가 가난한 나라가 아니라는 것을 보여주고 싶었다”라고 해명했으나 이는 오히려 불에 기름을 부은 격이 되었다.

2018년 연말 대선을 앞두고 에리 대통령은 선거법을 자신에게 유리하게 개정하고 이를 반대하는 시위대에게 발포 명령을 내리는 등 독재자의 길을 걷는 듯한 모습을 보였다. 그러나 다행히 그는 현직 대통령이 대선에 출마할 경우 선거 60일 전 사퇴해야 한다는 헌법을 준수해 시한 내에 사퇴했고 중립적인 선거관리내각이 출범해 비교적 공정한 대선이 치러졌다.

수많은 후보가 난립했으나 사실상 대선은 마크 라발로마나나, 안드리 라조엘리나, 에리의 삼파전이었다. 1차 투표 결과 안드리 라조엘리나가 39퍼센트, 마크 라발로마나나가 35퍼센트를 얻었으며 에리 대통령은 9퍼센트에도 미치지 못하는 초라한 성적을 거두었다. 항간의 소문에 따르면 에리 대통령은 공정한 선거가 치러질 경우 자신이 승리할 것이라고 철석같이 믿었기 때문에 순순히 사퇴한 것이라고 한다. 덕분에 더 이상의 사회 혼란 없이 민주적 대선이 치러졌으니 에리 대통령의 비상식적인 현실 인식이 결과적으로는 마다가스카르에 긍정적인 영향을 미친 셈이다.

돌아온 안드리 라조엘리나 대통령

결선 투표에서는 안드리 라조엘리나가 55퍼센트의 득표율로 승리하며 2019년 1월 19일 마다가스카르의 새 대통령으로

● 2018년 대선 안드리 라조엘리나 후보 포스터

● 2018년 대선 마크 라발로마나나 후보 포스터

취임했다. 쿠데타로 집권한 경력이 있는 안드리 라조엘리나는 말할 것도 없고, 2002년 대선 불복 후 헌법재판소 판결로 집권한 마크 라발로마나나 중 누가 대선에 승리해도 패자가 쉽게 승복하지 않으리라는 우려가 컸으나 다행히 마크 라발로마나나는 공식 선거 결과 발표 후 곧바로 결과에 승복한다고 선언했다. 흔히 민주주의의 기준을 두 번의 평화적인 정권 교체로 꼽는데 2013년 선거에 이어 2018년 선거에서도 평화적인 정권 교체를 이룬 마다가스카르는 이제 명실상부한 아프리카의 신생 민주주의 국가가 된 것이다.

이로써 안드리 라조엘리나 대통령은 2009년 쿠데타로 권력을 잡은 지 10년, 2014년 에리 대통령의 당선으로 권좌에서 내려온 지 5년 만에 다시 대통령직으로 복귀했다. 2009년부터 2014년까지 마다가스카르 정국이 워낙 혼란스러웠기 때문에 새로운 정부 출범 초기에는 정국 안정에 대한 우려가 컸다. 그러나 안드리 라조엘리나 대통령은 과거의 실패를 거울삼아 비교적 안정되게 국정을 운영해 나갔다.

그는 2009년 당시 포퓰리즘(대중주의)에 호소하고 외국인 투자자들에게 적대적인 정책을 폈던 것과는 달리 외국인 투자 유치를 위한 경제 개발을 적극적으로 추진했다. 그러나 새로운 경제 정책이 효과를 내기 시작하던 즈음 코로나19 팬데믹이 발발하면서 마다가스카르 경제는 다시 후퇴하고 말았다.

2023년 11월 대선에서 안드리 라조엘리나 대통령은 59퍼센트를 득표해 2024년 1월 5년간의 임기를 다시 시작했다. 그가 코로나19 이후 마다가스카르의 경제를 회복시키고 국민의 삶을 향상시킨 성공한 대통령으로 역사에 남을 수 있기를 간절히 바란다.

마다가스카르의 정치 체제

마다가스카르는 공화국 체제로 대통령이 국가원수를, 대통령이 임명하는 총리가 행정 수반을 맡고 있다. 대통령 임기는 5년이며 재선은 가능하지만 3선은 할 수 없다. 지방자치단체는 주*Province*, 지역*Region*, 마을*Commune*의 3단계로 구성하며, 각 지방자치단체의 장은 주민의 직접 선거로 선출한다.

국회는 상원과 하원으로 구성된 양원제를 채택하고 있으며 상·하원 의원의 임기는 모두 5년이다. 하원 의원은 직접 선거로 선출하며, 상원 의원의 3분의 1은 대통령이 임명하고 나머지 3분의 2는 간접 선거를 통해 선출한다.

사법부는 19세기 메리나 왕국 시대부터 정교한 사법 시스템을 운영해 온 전통을 가지고 있다. 현재의 사법 제도는 프랑스 법전과 관행을 기반으로 하고 있다.

마다가스카르의 대외 관계

덕선이를 울린 사회주의 외교

공식적으로 사회주의 국가를 표방한 1970~1980년대는 물론 비공식적으로라도 사회주의 성향을 보였던 1990년대 초까지 마다가스카르는 옛 공산권 국가들, 특히 옛 소련과 긴밀한 관계를 맺어왔다. 한반도와의 관계에서도 한국보다는 북한과 더 각별했다. 한국과 마다가스카르는 1962년 수교했으나 1972년 7월 외교 관계를 단절했다.

'이야불루 *Iyavoloha*'라고 불리는 현 대통령궁은 1975년 북한이 무상으로 지어준 것이다. 또한 마다가스카르 고위 관료나 교수 중 일부 중장년층은 젊은 시절 북한 유학을 다녀온 적 있어 한국어를 구사하기도 한다.

2015년 방영된 인기 드라마 〈응답하라 1988〉에는 주인공 덕선이가 88서울올림픽 개회식에서 마다가스카르 피켓 걸로 선정되었으나 마다가스카르가 막판에 불참해 피켓을 들지 못하게 되자 엉엉 우는 장면이 나온다. 이는 실화를 바탕으로 한 것으로 친북 성향이었던 마다가스카르가 막판에 북한 눈치를 보며 88서울올림픽에 불참한 사건을 다뤘다.

그러나 1990년대 초 냉전이 종식되면서 디디에 라치라카 대통령은 마다가스카르 외교의 무게 추를 옛 공산주의 국가에서 선진국으로 전환했다. 이는 나라 경제에 도움을 줄 대외 원조와 투자를 지원받기 위한 선택이었다. 한국과도 1993년 5월 관계를 정상화했으며, 2016년 7월에는 정식으로 한국대사관이 개설되었다. 2018년 1월 임상우 대사가 마다가스카르 상주 초대 대사로 부임한 이후 양국 관계는 경제, 개발 협력, 문화 교류 등 여러 방면에서 나날이 발전하고 있다. 한편 북한 대사관은 경제난을 이유로 2002년 철수했고, 현재 마다가스카르와 북한은 수교 관계만 유지하고 있다.

인도-태평양 전략의 마지막 퍼즐

식민지 시절부터 지금까지 마다가스카르가 가장 특별한 관계를 맺고 있는 나라는 프랑스이다. 프랑스어를 공용어로 쓰고 있고 사회 지도층에는 프랑스 유학파가 많으며 경제적으로도 프랑스 기업들이 마다가스카르 경제의 상당 부분을 장악하고 있다. 식민 종주국과 돈독한 관계를 맺고 있는 모습이 우리로서는 이해하기 어렵지만 영국의 옛 식민지가 영연방 *Commonwealth*을 중심으로 협력하거나 프랑스의 옛 식민지가 프랑스어권 국제기구 *OIF, Organisation Internationale de la Francophonie*를 중심으로 교류하는 것은 일반적인 현상이다. 마다가스카르 역시 프랑스어권 국제기구의 회원국으로 2016년에는 제16차 프랑스어권 국제기구 정상회의를 개최하기도 했다.

마다가스카르에 공적개발원조 *ODA, Official Development Assistance*를 가장 많이 제공하는 국가는 미국(1억 3,800만 달러), 프랑스(9,700만 달러), 독일(6,000만 달러), 일본(5,300만 달러) 순이다.• 미국은 개발원조 외에도 '아프리카성장과기회법 *AGOA Act, African Growth and Opportunities Act*'을 제정해 사하라 이남 아프리카 국가에 특혜 관세를 제공하고 있다. 마다가스카르는 이 법을 활용해 미국으로 섬유 제품을 많이 수출하고 있다. 일본은 경제적·인도주의적 이유도 있지만 마다가스카르를 일본이 주창하는 '자유롭고 열린 인도-태평양 *Free and Open Indo-Pacific*' 구상의 일부로 여기며 토아마시나 항구 개발에 대규모 차관을 제공

• 2020~2021년 평균, OECD/DAC 통계

하고 있다.

중국은 원조 통계를 공식적으로 발표하지 않아 정확한 액수를 알기는 어려우나 마다가스카르에 상당한 금액을 유무상 원조 또는 차관으로 제공하는 것으로 알려져 있다. 마다가스카르는 2017년 중국과 일대일로(一帶一路) MOU를 체결했으며, 도로나 주택 단지 등 대규모 건설 사업을 중국 기업이 수주해 많이 맡고 있다. 사실 중국의 영향력은 마다가스카르뿐만 아니라 아프리카 전역에 급속히 확대되고 있는데 이에 대한 마다가스카르 정부와 국민의 인식에는 양면성이 있다.

중국 기업들이 마다가스카르인을 고용하기보다 중국에서 노동자를 데려와 건설 사업을 하고 사업이 종료된 후에는 이들이 마다가스카르에 정착하는 사업 방식에 대해 불만이 크다. 중국이 제공하는 차관이 나중에는 '부채 함정'이 될 수 있다는 우려도 있다. 하지만 전통적인 서구 공여국이 재정 안정, 굿거버넌스 등 여러 조건을 까다롭게 요구하는 상황에서 중국의 '쉬운 자금'을 쉽게 거부할 수 없는 것이 현실이다.

아프리카 국가들과의 관계도 마다가스카르 외교의 중요한 부분이다. 다자적으로 마다가스카르는 55개 아프리카 국가의 연합인 아프리카연합*AU, African Union*, 16개 남부 아프리카 국가 연합인 남아프리카개발공동체*SADC, South African Development Community*의 회원국이다. 남아프리카개발공동체는 마다가스카르에 정치적 위기가 있을 때마다 적극적인 중재자 역할을 했다.

아프리카 외교의 또 다른 기둥은 인도양 섬나라들과의 관계이다. 마다가스카르는 모리셔스, 세이셸, 코모로, 몰디브, 프랑스의 자치령인 레위니옹 및 마요트와 각별한 관계를 맺고 있는데 이 다섯 개 섬과 두 개의 자치령이 4년마다 한 번씩 인도양 도서국게임을 개최하는 등 협력을 이어가고 있다.

마다가스카르는 섬나라라는 특성상 국제 분쟁에 휘말릴 염려가 적다. 많은 아프리카, 특히 사하라 이남 아프리카 국가들이 독립 이후 국경 분쟁에 휘말리거나 인근 국가에서 내전이 발생해 대규모 난민이 넘어오는 등 어려움을 겪었던 것을 생각하면 단연 유리한 조건이다. 대신 물류비용이 높고 국제적으로 고립되기 쉽다는 한계도 분명하다.

미 · 중 전략 경쟁, 중동 갈등으로 인한 홍해 발 물류 대란 등 인도양의 전략적 중요성이 날로 커지는 상황에서 마다가스카르가 이를 어떻게 활용할 것인지는 마다가스카르 외교에 주어진 숙제이다. 우리나라 역시 인도-태평양 전략•의 관점에서도 마다가스카르의 역할과 가능성을 다시금 생각할 필요가 있다.

• 우리나라는 2022년 12월 '자유, 평화, 번영의 인도-태평양을 위한 전략'을 발표하면서 인도-태평양 전략 추진 대상 지역에 아프리카를 포함시켰다.

함께 생각하고 토론하기

일제 강점기 우리나라와 마찬가지로 마다가스카르도 프랑스의 식민 통치에서 벗어나기 위해 여러 가지 방식으로 독립운동을 했으며, 대규모 무장 투쟁으로 많은 사람이 목숨을 잃기도 했습니다. 그러나 독립 이후 마다가스카르와 프랑스의 관계는 우리나라와 일본의 관계와는 완전히 다릅니다. 마다가스카르는 프랑스의 식민지였던 여러 다른 나라와 함께 프랑스어권 국제기구를 결성해 우호 친선과 다양한 분야의 협력을 도모하고 있습니다. 과거 영국의 식민지였던 나라들도 마찬가지로 영연방을 결성했으며 몇몇 나라들은 지금도 영국의 왕을 자국의 군주로 삼고 있습니다.

● 우리나라와 마다가스카르가 독립 후 지배 국가에 대해 다른 정책을 펼친 이유에 관해 이야기해 봅시다.

●● 마다가스카르 사회 깊숙이 뿌리내린 프랑스의 영향력은 마다가스카르에 재산이 되기도 하고 짐이 되기도 합니다. 마다가스카르가 발전하기 위해서는 프랑스와 프랑스 문화의 영향력에서 벗어나기 위해 노력해야 하는지, 아니면 이를 적극적으로 활용해야 하는지 입장을 나누어 이야기해 봅시다.

4부

문화로 보는 마다가스카르

"말이란 달걀과 같다.

일단 부화하면 날개가 달린다."

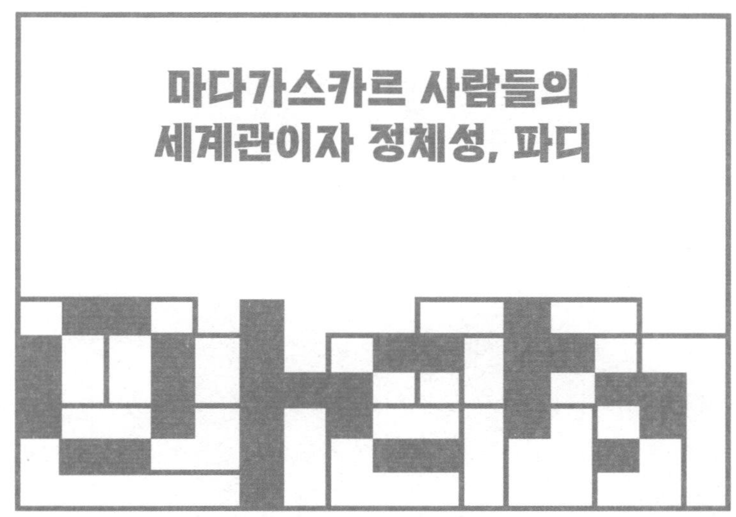

마다가스카르 사람들의 세계관이자 정체성, 파디

임산부는 뱀장어를 먹으면 안 된다. 달걀을 다른 사람에게 직접 건네주면 안 된다. 같은 장소에 두 번 대변을 보면 안 된다. 시신을 매장할 때 손잡이가 단단한 삽을 쓰면 안 된다….

마다가스카르 사회에는 전통적으로 전해 내려오는 '하면 안 되는 것들'이 있는데 이를 '파디*Fady*'라고 한다. 일반적으로 '금기*taboo*'로 번역하지만 반드시 금기 사항만을 말하는 것은 아니다. 어떤 장소를 신성하게 여기는 것도 일종의 파디이다.

파디는 상황, 사람, 동물, 장소에서 행동에 이르기까지 세상을 다스리는 어떤 규칙의 총체를 의미한다. 마다가스카르 사람들의 세계관이자 정체성과 긴밀히 연결되어 있는 파디는 조상 숭배의 관습과 합쳐져서 파디를 지키지 않았을 경우 조상

님에게 화를 입는다는 자연스러운 논리로 이어진다. 조상님이 입히는 '화'는 일반적인 것일 수도 있고 구체적인 것일 수도 있다. 밥을 먹으면서 노래하면 이빨이 길어진다는 파디도 있다. 파디가 마다가스카르 사람들의 생활에 얼마나 스며들어 있는지는 '실례합니다'라는 뜻을 가진 '아자파디*Azafady*'라는 단어에서도 알 수 있는데 이를 그대로 번역하면 '내 행동이 파디가 아니어야 할 텐데요'라는 의미이다.

파디는 마다가스카르 전역에서 지켜지는 것도 있고, 특정 부족에만 한정된 것도 있으며 경우에 따라서는 어떤 가족에게만 의미를 갖는 것도 있다. 마을의 원로들이 새로운 내용의 파디를 선언하기도 하며 드물게는 어떤 행동이 더 이상 파디가 아님을 선언하기도 한다.

파디는 그 종류에 따라 사회에 도움이 되거나 해가 되기도 한다. 예를 들어, 조상들의 영혼이 깃들어 있기 때문에 여우원숭이를 먹으면 안 된다는 파디는 여우원숭이를 보호하는 데 도움이 되는 파디이다. 반대로 마다가스카르 동남부에 거주하는 안땀바호아까*Antambahoaka* 부족은 쌍둥이를 불길하게 여기는 파디를 갖고 있어 쌍둥이 중 한 명을 숲에 버리는 무시무시한 관습이 있다.

하지만 파디는 반드시 지켜야 하는 불변의 법칙은 아니어서 살짝 우회하는 길을 열어두기도 한다. 파디로 지정된 숲에 들어가고 싶은 외부인이 있다면 마을 주민들에게 사례를 하고 파디를 정지시키는 의식을 열어달라고 부탁할 수 있다. 어떤 부족은 여우원숭이를 사냥하는 것은 가능하나 먹을 수 없고, 옆 마을 부족은 여우원숭이를 사냥해서는 안 되나 먹을 수 있다. 이 경우에는 첫 번째 부족이 여우원숭이를 사냥해서 두 번째 부족에게 판매하는 것이 가능하다.

파디를 꼭 미신이나 뒤떨어진 관습으로 치부할 필요는 없다. 생각해 보면 우리나라에도 빨간색으로 이름을 쓰면 불길하다거나 밥그릇에 숟가락을 꽂는 것은 죽은 사람에게만 하는 행동이라거나 이사나 결혼 날짜를 정할 때 길일을 찾는 것 등 무수한 한국식 파디가 있다. 조상 묘를 손가락 대신 손바닥으로 가리켜야 하고 장례식에 빨간 옷을 입으면 안 된다는 마다가스카르의 파디는 사람에게 손가락질하거나 장례식에 화려한 옷을 입고 오면 예의 없는 행동이라고 보는 우리의 모습과 크게 다르지 않다.

어느 나라, 어느 지역을 가도 독특한 풍습이 있기 마련이다. 이방인으로서 가능한 한 그 풍습을 지키는 것은 그 지역 주민을 존중한다는 표현이기도 하다.

파디가 기반이 된 재미있는 관습

아기가 태어나면 아빠는 탯줄과 태반을 집 근처 땅에 묻는

데 이때 고개를 돌려서는 안 된다. 이는 태어난 아기를 통해 집안의 핏줄이 이어진다는 의미를 담고 있으며 탯줄을 묻지 않으면 아기가 커서 기억력이 나빠진다는 속설이 있다.

아기가 생후 3개월이 되면 머리카락을 잘라 큰 그릇이나 쟁반에 담고 고구마나 꿀과 섞어 가족끼리 나누어 먹는다. 이는 아기를 사회의 일원으로 받아들인다는 의미이다.

건물을 지을 때나 가구를 배치할 때 따라야 할 규칙이 있다. 건물은 채광을 위해 서향으로 짓는 것이 원칙이고, 문이나 창문은 북쪽으로 낸다. 침대 머리 역시 북쪽을 향하게 배치하는데 북쪽에서 행운과 재산이 온다고 믿기 때문이다. 우리나라 풍수지리와 비슷하다.

먼 길을 떠나기 전에는 집안의 어른에게 알리고 축복을 받는다거나 어른이 숟가락을 들기 전에 먼저 들지 않는 관습 등은 우리와도 비슷하다.

범죄가 되어버린 관습, 다알루

쌍둥이 중 한 명을 내다 버리는 관습을 제외하면 대부분의 마다가스카르의 관습은 신기하고 재미있다고 여겨질 만하다. 하지만 마다가스카르 남부에는 심각한 범죄로 변질된 다알루*Dahalo*라는 관습이 존재한다.

마다가스카르 남부는 농업보다 목축이 발달했으며 특히 제부가 중요한 자산이다. 이 지역에 거주하는 바라 부족은 목축업에 종사하며 용맹하기로 유명하다. 이들 사이에는 신랑이 결혼 전 이웃의 제부를 훔쳐 신부 측에 바치는 관습이 있다. 이는 신랑의 용맹함을 증명하는 일종의 성인식이자 전통이었다. 그러나 경제적으로 어려워진 마다가스카르 남부의 상황 속에서 이 관습은 점차 무장한 제부 약탈 범죄로 변질되었다.

현대의 다알루 조직은 규모가 수십 명에서 수천 명에 이르며, 칼이나 몽둥이뿐만 아니라 소총으로 무장하기도 한다. 이들은 남부 지역을 넘어 타나 인근까지 침투해 제부를 약탈하거나 약탈한 제부를 다른 나라로 밀수출하기도 한다. 이러한 다알루 범죄는 남부 주민들의 삶을 더욱 어렵게 만들고 있어 2019년 취임한 안드리 라조엘리나 대통령은 다알루 조직과의 전쟁을 선포하기에 이르렀다.

그럼에도 다알루 범죄는 완전히 근절되지 않았다. 다알루 조직과 이를 저지하려는 주민, 경찰 간의 충돌로 인명 피해가 발생하기도 한다.

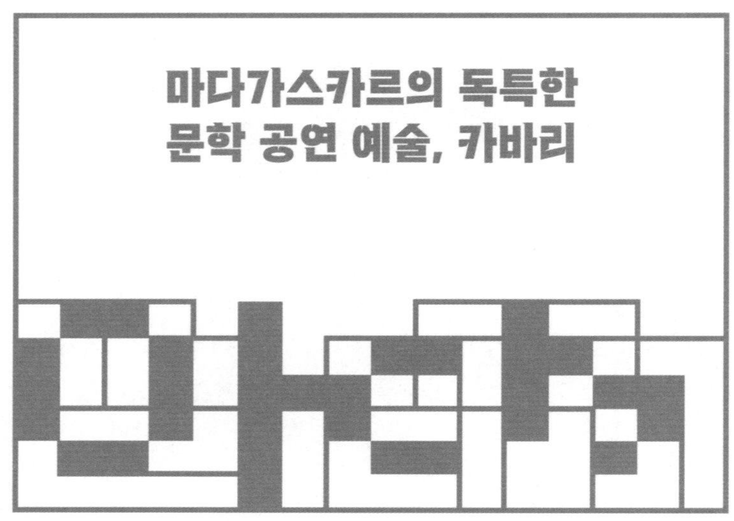

마다가스카르의 독특한 문학 공연 예술, 카바리

흔히 프랑스어를 낭만적인 사랑의 언어라고 하지만 말라가시어야말로 일상 언어 자체가 문학 작품이다. 마다가스카르에서는 시간을 숫자로 표현하지 않고 그 순간을 가장 잘 묘사하는 단어를 사용한다. 새벽 2시는 '개구리가 우는 시간', 새벽 5시는 '까마귀가 우는 시간', 오후 5시는 '해가 서쪽 벽에 닿는 시간'이라고 부른다.

이런 뛰어난 표현력이 담긴 마다가스카르 문학은 주로 구전을 통해 전수되었다. 그중에서도 '카바리*Kabary*'라고 부르는 독특한 문학 공연 예술이 유명하다.

유네스코 무형 문화유산으로도 등록된 카바리는 시와 산문이 혼합된 문학 작품을 관객 앞에서 연설 형식으로 선보이는

● 카바리 공연장의 카바리 연사

것이다. 스탠드업 코미디와 비슷한 형식이지만 내용은 진지한 것부터 슬픈 것, 우스운 것까지 다양하다.

카바리는 원래 마을 지도자들이 주민들에게 행정 공지나 사회적인 의식을 알릴 때 사용하던 형식이었다. 현재는 축제, 공식 행사, 관혼상제 등 다양한 자리에서 행해진다. 마다가스카르 전역은 물론 마다가스카르 이민자들이 있는 곳이라면 전 세계 곳곳에서 카바리가 이어지고 있다.

카바리는 두 명의 연사가 주거니 받거니 하는 만담 형식, 혼자 또는 여러 명이 함께하는 형식으로 진행되고, 몇 시간 동안 이어지기도 하고 10분 만에 끝나기도 한다. 과거에는 마을의 최연장자나 50세 이상 남성이 했지만 오늘날에는 젊은이나 여성이 하기도 한다. 각종 행사에서는 전문 카바리 연사들이 초청되지만 일반인도 충분히 할 수 있다.

카바리 대본은 책으로 정리되어 있지만 현장에서 즉흥적으로 내용을 바꾸는 경우가 더 많다. 특히 결혼식에서는 신랑 측과 신부 측에서 각각 카바리 연사를 초청해 덕담 랩 배틀처럼 진행하기도 한다.

카바리는 인사말, 본론, 마무리의 세 단계로 구성된다. 인사말(오프닝)은 초대, 소개, 존경의 표시, 사과, 안부와 축원이라는 다섯 파트로 이루어져 있으며, 가장 중요한 본론에서는 카바리의 메시지를 전달한다. 마지막은 감사 인사로 마무리한다.

마다가스카르에는 여러 민간 카바리 협회가 있어 전통을 지키고 후대에 전수하기 위해 노력하고 있다. 이들은 구전으로 전수된 카바리를 기록해 책으로 출판하거나 동영상으로 제작하며 연사들을 교육하고 있다. 마다가스카르 문화부는 정기적으로 카바리 대회를 개최하는 것을 비롯해 전 세계에 카바리를 알리기 위해 노력해 왔다. 이러한 노력의 결과 2021년 카바리는 유네스코 무형 문화유산으로 정식 등재되었다.

마다가스카르의 국민 시인, 장 조셉 라베아리벨로

카바리가 마다가스카르의 전통 구전 문학을 대표한다면 현대 문학은 20세기 초 프랑스 식민지 시절 프랑스식 교육을 받은 마다가스카르인들, 특히 메리나 귀족의 후예가 유럽 문학 양식을 도입하면서 시작되었다. 1960년 독립 이전의 현대 문학은 형식적으로는 시, 소설, 희곡 등 유럽의 문학 양식을 따랐지만 내용은 마다가스카르 관련 소재나 주제를 그리움의 정서로 풀어내는 것이 특징이었다.

이러한 마다가스카르 현대 문학을 대표하는 문인은 바로 마다가스카르의 국민 시인으로 불리는 장 조셉 라베아리벨로*Jean-Joseph Rabearivelo*이다. 그의 본명은 조셉 까시미르*Joseph-Casimir*로 프랑스 철학자 장 자끄 루소*Jean Jacques Rousseau*와 같은 머리글자를 갖고 싶어 필명을 그렇게 지었다고 한다.

1901년 프랑스 식민지 시대에 태어난 장 조셉 라베아리벨로는 몰락한 메리나 귀족 집안 출신이다. 프랑스계 초등학교와 중등학교를 다녔으나 성적이 좋지 않았고 당시 학교에서 요구하는 종교 활동을 제대로 하지 않아 14세에 퇴학당했다. 그러나 프랑스 문학에 심취해 있던 그는 독학으로 프랑스어와 프랑스 문학을 공부하면서 문학잡지에 시를 발표해 호평받았다. 그는 19~20세기 프랑스 문학을 좋아했고, 아웃사이더 기질이 있던 샤를 피에르 보들레르*Charles Pierre Baudelaire*, 아르튀르 랭보*Arthur Rimbaud* 같은 문인을 특히 좋아했다.

장 조셉 라베아리벨로는 사교 클럽의 사서, 출판사 교정원 등으로 일하면서 작품 활동을 계속했다. 경제적으로 풍족하지

● 마다가스카르의 국민 시인 장 조셉 라베아리벨로

않았지만 유럽에서 많은 문학 서적을 사들여 마다가스카르에서 가장 방대한 문학 컬렉션을 보유했다고 한다.

그는 자기 작품을 말라가시어와 프랑스어로 발표하면서 동시에 번역가로도 활동했다. 샤를 피에르 보들레르, 아르튀르 랭보, 라이너 마리아 릴케Rainer Maria Rilke 등의 시를 말라가시어로, 카바리를 프랑스어로 번역했다.

1925년부터는 메리나 왕국과 프랑스 간의 전쟁 등을 소재로 역사 소설을 발표하면서 메날람바 운동의 지도자를 칭송했다. 동료 문학인들과 함께 마다가스카르 전통을 찾으려는 노력을 하면서 말라가시어 문학 진흥을 위해 잡지를 창간하기도 했다. 1931년부터 초현실주의적 시를 발표해 국제 문단의 찬사를 받았으며 앙드레 지드Andre Gide, 폴 발레리Paul Valery 등 세계적인 문학 명사들과도 교류했다.

그러나 작품이 높은 평가를 받은 것과는 달리 그의 삶은 순탄하지 않았다. 프랑스 식민 당국은 그를 프랑스의 자애로운 식민 통치의 성공 사례로 선전했고, 그는 일기장에 이용당하는 기분이라고 적으면서도 이를 거부하지는 못했다.

한편 마다가스카르 상류층은 그의 전통 파괴적인 스타일을 비난했고 동료 문인들은 그가 프랑스 식민 지배와 문화를 적극적으로 수용했다고 비난했다.

결국 그는 마다가스카르인으로의 정체성과 프랑스 문학에 동화되고 싶은 욕망 사이에서 평생을 갈등하다가 어린 딸의 죽음과 경제적 곤궁, 기대했던 파리 엑스포 참가 실패로 좌절을 겪고 스스로 생을 마감했다.

아이러니하게도 생전에 인정받지 못했던 그는 사후 식민지 시대의 마다가스카르 순교자로 추앙받았다. 1960년 독립 직후 마다가스카르 정부는 그를 '국민 시인'으로 칭했으며 그의 이름을 딴 학교와 거리가 지금도 타나에 남아있다. 종종 그의 생애와 작품에 대한 학술회의가 열리기도 한다.

죽은 자를 만나는 시간, 파마디하나

마다가스카르의 전통 장례 관습에는 '파마디하나*Famadihana*'라는 문화가 있다. 우선 가족이 사망하면 그 시신을 가족묘에 안치한다. 그 후 일정 시간이 흐르면(보통 5~7년인데, 조상신이 꿈에 나와서 파마디하나를 할 때가 되었다고 알려준다고 한다) 시신을 꺼내 유골을 정리하고 새 비단 천으로 싼 후 그 위에 이름을 적는다. 그런 다음 여러 명이 함께 시체를 머리 위로 들고 마을을 한 바퀴 행진하며 카바리 의식을 치른 후 시신을 다시 가족묘에 안치한다. 이때 친척들이 망자를 위해 가져온 돈이나 술을 함께 넣기도 한다. 행진할 때는 직계 가족만 아니라 친척들, 마을 주민들까지 참여해 노래하고 춤을 추며 즐겁게 기념한다.

파마디하나는 망자의 시신이 완전히 부패해서 뼈만 남았을 때 알맞은 의식을 치러야 그 영혼이 조상들의 세상에 들어갈 수 있다는 믿음에 근거한 것이다. 특이한 것은 슬픈 노래가 아니라 즐거운 노래를 부르고 흥겨운 춤을 춘다는 것이다. 망자를 그리워하며 슬퍼하기보다는 망자의 삶을 기쁘게 추억하고 그가 영원히 사라지는 것이 아니라 조상신이 되어 영원히 우리 옆에 머무른다는 마음가짐에서 비롯하기 때문이다. 이러한 절차를 5~7년마다 반복하기도 한다.

파마디하나의 기원은 분명하지 않다. 하지만 그리 오래된 관습은 아니며 현재의 형태로 정착된 것은 17세기 이후인 것으로 추측된다. 현대에 들어서는 이 관습이 줄어드는 추세이다. 가톨릭에서는 이를 문화적인 관습으로 인정하고 있으나 도시인들, 특히 개신교도들은 파마디하나를 거의 행하지 않는다.

사실 파마디하나는 보건 위생적으로도 문제가 많다. 마다가스카르에는 아직도 주기적으로 폐페스트•가 유행하는데 파마디하나가 그 원인 중 하나로 추정된다. 또한 경제적으로도 큰

• 14세기 유럽을 휩쓴 흑사병의 원인이었던 바로 그 페스트이다. 페스트균이 멸종된 것으로 알고 있는 사람이 많지만 지금도 야생 동물과의 접촉 등으로 발병하는 일이 이따금씩 나온다. 다른 나라에서는 발병이 되어도 수 건으로 그치는 데 반해 마다가스카르에서는 큰 유행으로 번지는 일이 종종 있다. 2017년에는 2,400명 이상이 페스트에 감염되어 200명 이상이 사망하기도 했다.

● 파마디하나 풍경

부담이 된다. 가족묘를 유지하는 비용도 많이 들고, 유골을 싸기 위한 비단 천, 초대된 사람들을 위한 식사 비용도 상당히 많이 든다.

전통적으로 마다가스카르 사람들은 조상을 신과 인간을 이어주는 존재로 여겨 가족에게 쓸 돈은 없어도 조상신을 위한 비용은 아끼면 안 된다고 생각했으나 도시화와 현대화가 진행되면서 이러한 인식도 점차 달라지고 있다.

마다가스카르의 결혼 문화

도시화가 많이 진행되었지만 마다가스카르 사회는 여전히 전통적인 가부장제 사회의 특징이 강하다. 법적으로는 남편과 아내가 평등하지만 이혼, 친권과 양육권, 상속 등에서 남편에게 유리한 제도가 많다. 집안에서 남편은 '가장'으로 대우받으며, 도시에서 맞벌이 생활을 하거나 시골에서 부부가 같이 농사를 짓더라도 집안일은 여자가 전담하는 것이 일반적이다.

과거에는 부모를 비롯한 집안 어른들이 상의해 결혼 상대를 정하는 중매결혼이 보편적이었다. 그러나 최근에는 도시 거주자나 고학력자를 중심으로 연애결혼이 늘고 있다. 결혼하면 신부가 신랑 집에 가서 사는 경우도 많다. 법적 결혼 가능 연령은 18세이지만 부모 또는 판사가 동의할 경우 그보다 어린 나이에 결혼할 수도 있다. 미성년자와 결혼해 혼인 신고를 하지 않거나 미성년자끼리 혼인하는 조혼도 흔히 일어난다.

결혼이 합의되면 본격적인 결혼 절차가 시작된다. 통상 신랑이 신부 부모님에게 먼저 인사를 드리고 양쪽 집안이 상견례를 가진다. 이후 친지들을 초대해서 약혼식에 해당하는 '부디운지*Vodiondry*'•를 올린다. 이는 신랑이 신부 측에 선물을 보

• 부디운지는 말라가시어로 '양의 엉덩이'라는 뜻이다. 손님들에게 양의 엉덩이 살로 만든 음식을 대접했다는 데서 유래했다.

내고 그동안 신부를 키워준 것에 대해 신부 부모님께 감사를 표하는 의식이다.

정식 결혼식 전 신붓집에서 신랑 집으로 소나 현금 등의 지참금을 보내는 경우가 많으나 조혼의 경우 나이 많은 신랑이 신붓집으로 신붓값을 보내기도 한다.

기독교도들은 교회나 성당에서 목사님 또는 신부님이 주재하는 결혼식을 치른 뒤 장소를 옮겨 피로연을 한다. 결혼식이나 약혼식 복장으로 도시 중산층 이상은 양복과 웨딩드레스를 선호하지만 각자의 경제적 사정에 맞추어 준비한다. 마다가스카르에서 결혼식은 집안 대 집안의 결합, 집안의 잔치라는 의미가 크기 때문에 부자는 부자대로, 가난한 자는 가난한 자대로 최대한의 친지를 초청해 성대하게 치른다.

전통 결혼식(교회나 성당 결혼식의 경우 피로연)의 하이라이트는 카바리이다. 신랑 신부 측에서 각각 초청된 카바리 연사가 신랑과 신부에 대한 덕담과 축복을 나눈다. 카바리 표현은 시대에 따라 계속 변한다. 전통적으로는 신랑이 신부를 찾는 과정을 '사람이 제부를 찾듯이, 농부가 더 많은 쌀을 찾듯이'라고 표현했는데 최근에는 '잃어버린 휴대전화를 찾듯이'라는 표현이 등장했다.

어린 신부의 슬픔, 조혼과 미성년자 출산

성인이 되기 전(만 18세)에 결혼하는 것을 조혼이라고 한다. 조혼은 생활 수준이나 교육 수준이 낮은 나라일수록 흔히 나타나며 가난한 여자아이 집에서는 입 하나라도 줄이기 위해, 형편이 조금 나은 남자아이 집에서는 노동력을 들이기 위해 주로 이루어진다. 그러나 정신적, 신체적으로 준비되지 않은 상태에서 임신과 출산, 육아를 겪게 되면 어린 엄마와 아이 모두에게 무리가 된다.

마다가스카르에서 20~49세 중 만 18세 미만에 결혼한 비율(사실혼 포함)이 여성은 37퍼센트, 남성은 12퍼센트에 달한다. 20~24세 여성의 조혼율은 40퍼센트로 젊은 세대의 조혼율이 오히려 높아졌다. 15세 미만에 조혼했다는 사람도 13퍼센트나 된다.

조혼하지 않은 여성이라고 해서 고등학교 진학률이 높은 것은 아니다. 우리나라에서는 엄마 품에 있을 나이의 소녀들이 아내이자 엄마, 며느리가 되어 집안 살림을 책임지고 있다.

조혼율은 경제적으로 어려울수록 높다. 남부 지역의 조혼율은 60퍼센트에 육박하며, 수도권의 조혼율은 18퍼센트로 비교적 낮다. 조혼율이 높다 보니 미성년자 출산도 사회적으로 자연스럽게 받아들이는 분위기이다. 마다가스카르 여성 1명당 평균 출산 수는 4.6명이며, 현재 20~24세 여성 중 18세 이전에 처음 출산한 비율이 36퍼센트에 달한다.

출산 시 보건의료 전문가의 도움을 받거나 의료기관에서 출산하는 비율이 낮은 상황을 감안할 때 신체적으로 완전히 성장하지 않은 미성년자의 출산은 특히나 위험성이 크다.

※ 통계는 모두 UNICEF MICS(2018)를 기반으로 했다.

목공예

마다가스카르에는 손재주가 뛰어난 사람이 많아 다양한 전통 공예가 발달했는데 그중 가장 유명한 것이 목공예이다. 부족마다 독특한 목공예 스타일을 지니고 있으며, 특히 베칠레오 부족의 자피마니리 공동체가 만든 목공예는 유네스코 무형문화유산으로 지정되어 있다.

자피마니리 공동체는 마다가스카르 남서부 100여 개의 마을에 거주하는 약 2만 5,000명의 주민으로 벌목꾼, 목수, 공예가들이 함께 모여 목공예 생태계를 이루고 있다.

약 18세기부터 형성된 이 공동체는 거주지 인근에 있는

20여 종의 나무를 사용해 벽, 문틀, 의자, 좌탁 등 생활용품을 제작해 인근 부족에게 판매해 왔다. 이들은 못을 사용하지 않고 나무를 깎아 입체 퍼즐을 조립하듯 끼워 맞추는 독특한 방식으로 작업한다.

목공예에 사용되는 기하학적 무늬에는 각각 의미가 있다. 거미줄 모양은 가족 간 유대를, 벌집 모양은 공동체를 상징한다. 최근에는 외국인 관광객이나 도시 중산층을 대상으로 장식품 판매가 증가하고 있다. 또 전통 목공예 방식을 발전시키거나 공예가들의 손재주를 활용해 새로운 상업적 기회를 만들기도 한다.

타나 인근에는 '르 빌라쥬*le Village*'라는 이름의 목공예 공방이 있는데 전통 범선의 정교한 미니어처가 대표 상품이다. 범선 하나를 제대로 만드는 데 몇 달이 걸리지만 수백 달러에 달하는 높은 가격에 유럽 각지로 수출된다고 한다.

야자나무 잎으로 만드는 수공예품

야자나무의 한 종류인 라피아나무의 잎으로 만든 라피아 섬유도 수공예품의 인기 있는 재료이다. 타나 인근에는 라피아 섬유로 만든 손지갑, 장난감, 장식품 등을 판매하는 공방이 많은데 저렴한 가격에 비해 품질이 뛰어나 선물용으로 구매하

● 르 빌라쥬 공방의 범선 제작 과정

● 르 빌라쥬 공방에서 목공예로 만든 세계 지도. 나라마다 서로 다른 색깔의 나무 조각을 파서 퍼즐처럼 끼워서 만든다.

● 기하학적 문양을 사용한 좌탁 목공예

기에 좋다.

베칠레오 부족과 메리나 부족 여성들은 프랑스식 자수와 의상 제작에도 뛰어나다. 여우원숭이가 수놓아진 셔츠나 마다가스카르 특유의 자수를 넣은 손수건은 관광객들이 즐겨 찾는 기념품이다.

베틀로 짜는 전통 의복, 람바

마다가스카르 전통 복식 중 가장 중요한 의복은 직사각형 모양의 숄로 지역에 따라 '람바' 또는 '심보' 등으로 불린다. 여성들은 서양식 의상에 람바를 걸치는 경우도 많다.

일상복으로 입는 람바는 라피아 섬유, 면으로 만들어지며 색상과 무늬는 흑백이나 빨강 등 줄무늬, 여러 색이 섞여 있거나 기하학적 무늬, 실제 그림 느낌의 도안을 염색한 것까지 다양하다.

예전에 우리나라에서 그랬듯이 과거 마다가스카르에서도 여성들이 집에서 베틀을 이용해 천을 짜서 람바를 만들었다. 집에서 만든 람바는 가족들이 입기도 하고 시장에 팔기도 했다. 람바는 숄만 아니라 천, 물건을 싸는 보자기 등으로 다양하게 쓰인다.

람바는 가족묘에 안치하기 전 시신을 싸는 용도로도 쓰인

● 람바 숄을 걸친 마다가스카르 남성

● 라나발루나 3세 여왕이 그로버 클리브랜드 대통령에게 선물한 비단 람바

다. 이때 사용하는 람바는 비단이나 소가죽과 같은 고급 소재로 만든다. 시신 매장이 끝난 후 무덤 위에 람바를 걸쳐놓기도 한다.

람바는 상징적인 선물로도 사용되어 일부 지역에서는 결혼식 선물로 람바를 교환하기도 한다. 1886년 라나발루나 3세 여왕이 당시 미국 대통령 그로버 클리브랜드*Grover Cleveland*에게 선물한 비단 람바는 스미소니언 국립 아프리카예술박물관에 전시되어 있다.

마다가스카르 사람들의 음악 사랑

아시아 같기도, 아프리카 같기도 한 마다가스카르이지만 '신명'만큼은 여느 아프리카 국가에 뒤지지 않는다. 시골에서는 마을에 기쁜 일이 있거나 손님이 올 때 다 같이 노래하고 춤추는 전통이 강하게 남아있다. 아프리카 전통이 강한 해안 마을에서는 그 특징이 도드라진다. 도시에서는 공식적인 자리에서 함께 춤추고 노래하는 일이 드물지만 일단 분위기가 잡히면 뒤로 빼는 사람은 별로 없다. 특히 전통 음악이 나오면 꼬리잡기하듯 앞 사람의 어깨를 잡고 정해진 동작을 하면서 흥겨운 시간을 보내기도 한다.

마다가스카르의 음악은 독특하면서도 다양하다. 동남아시아 음악, 아프리카 음악, 아랍 음악에 프랑스의 영향이 더해졌다. 최근에는 K-팝의 인기도 높다.

마다가스카르의 전통 음악

● 마다가스카르 전통 악기 발리하 연주자

마다가스카르의 대표적인 전통 악기는 대나무 통에 현을 묶어 손으로 튕겨 소리를 내는 발리하*Valiha*이다. 인도네시아 지역에도 유사한 악기들이 있는 것으로 보아 최초의 원주민에게서 전해진 것으로 추정된다.

마다가스카르 전통 음악은 아프리카 본토 음악과 비교할 때 타악기보다는 현악기를 많이 사용하는 것이 특징이지만 지역에 따라 차이가 난다. 고원지대에 사는 메리나 부족은 발리하 연주를 하면서 잔잔한 목소리로 노래하는 반면 해안 지역에 사는 아프리카계 부족들은 남부 아프리카 스타일로 활기찬 노래를 즐긴다.

18세기 후반부터 메리나 부족을 중심으로 '히라가시*Hira Gasy*'라고 하는 음악이 발전했다. 말라가시어로 히라는 '노래',

● 히라가시 공연단

가시는 '마다가스카르 사람들'이라는 뜻으로 '마다가스카르 사람들의 노래'라는 의미이다. 노래, 춤, 시 낭송(카바리) 등이 결합한 종합 예술로 공연단이 여러 마을을 돌아다니며 몇 시간 동안 공연한다. 우리나라 사당패와도 비슷하다.

히라가시는 처음에는 마다가스카르 지배층이, 나중에는 프랑스인들이 지역 주민에게 전달하고자 하는 메시지가 있을 때 활용하기도 했다.

1980년대 히라가시 공연단의 일원이었던 로시*Rossy*는 1990년대 마다가스카르 최고 가수로 떠올랐으며 유럽, 미국, 일본 등지에서 공연하며 국제적 명성을 얻었다. 히라가시 전통은 2023년 유네스코 무형 문화유산으로 등재되었다.

마다가스카르의 현대 음악

20세기에 들어서면서 마다가스카르에서는 전통 음악에 서양 팝, 재즈, 포크, 찬송가 등을 결합한 다채로운 음악이 발전했다. 서양 악기를 사용하는 밴드 스타일의 음악도 인기를 끌었다. 대표적으로 전통 댄스 음악 스타일에 전자기타, 베이스, 아코디언, 드럼 등의 악기를 더한 '살레지*Salegy*'라는 장르가 있다. 마다가스카르 최고 가수인 로시도 살레지 풍의 음악을 선보였으며, 1970년대 마다가스카르에서 살레지 밴드로 활동을 시작한 조조비*Jaojoby*는 프랑스에서 큰 인기를 끌기도 했다.

최근에는 힙합, 랩 같은 새로운 음악 장르가 빠르게 유입되고 있다. K-팝도 큰 인기를 끌어 BTS, 블랙핑크 팬도 많고 여러 커버 댄스팀도 활동하고 있다.

로시의 노래 '이나 바우바우' 듣기

조조비의 공연 실황 보기

마다가스카르의 음식 문화

쌀밥과 시래깃국 그리고 숭늉

말레이-인도네시아계의 후손답게 마다가스카르의 주식은 쌀이다. 그러나 우리와는 다른 인디카 쌀(흔히 '안남미'라고 부르는 찰기 없이 쌀)을 주로 먹는다. 전통 밥상은 쌀, 국, 주요리(고기나 야채 요리), 한두 가지 반찬과 소스나 피클로 구성된다.

식사가 끝나면 숭늉으로 입가심한다. 국은 시래깃국처럼 보이는 것도 있고 육개장과 유사한 루마자바 로얄*Romazava Royal*도 있다. 인삼만 안 들어갔다 뿐이지 영락없는 삼계탕인 아꾸우 루니*Akoho Rony*도 있다.

돼지고기를 먹지 않는 이슬람교도처럼 종교적 금기가 아니

● 마다가스카르판 육개장, 루마자바 로얄

● 마다가스카르 중산층 식당의 점심. 쌀밥, 시래깃국, 양념장으로 구성된 메뉴가 3,000~4,000원 정도이다.

● 마다가스카르의 해산물. 타나에서 먹기 힘든 랍스터도 마다가스카르 바닷가에서는 저렴한 가격에 즐길 수 있다.

라면 주요리로는 고기류, 가금류, 채소류를 다채롭게 즐긴다. 고기 중에서는 제부 고기를 최고로 친다. 우리나라 소고기보다는 질기지만 적당한 양념으로 숙성시키면 맛있게 즐길 수 있다. 가격도 저렴해서 오성급 호텔 프랑스 식당의 비프스테이크도 1만 원 정도에 먹을 수 있다.

섬나라이니만큼 해산물을 마음껏 즐길 수 있을 것이라는 예상과 달리 마다가스카르는 냉장 유통망이 발달하지 않아 내륙에 있는 타나에서는 신선한 해산물을 구하기 어렵다. 그러나 고급 식당에 가면 당일 아침 비행기로 공수해 온 신선한 해산물 요리를 즐길 수 있다. 대신 해안 도시에 가면 고급 해산물을 저렴하게 맛볼 수 있다.

마다가스카르에서 즐기는 프랑스 요리

마다가스카르에 부임하기 전 아프리카에 주로 근무한 외교관을 만난 적이 있다. 그에게 마다가스카르에 간다고 하니 이런 말을 했다.

"마다가스카르에 가본 적은 없지만 빵은 맛있을 거야. 프랑스가 식민지에 경제 발전과 민주주의를 가져다주지는 못했지만 빵 만드는 법만큼은 확실히 전수했거든."

당시는 그냥 듣고 흘렸는데 부임해 보니 맛있는 빵만 아니라 수준급의 프랑스 요리를 저렴하게 즐길 수 있었다.

마다가스카르 주민들도 주식(특히 아침)으로 프랑스식 바게트를 많이 먹는다. 고급 카페는 물론 대형마트만 가도 각종 타르트, 밀푀유, 에클레어, 크림 브륄레, 수플레 등의 제대로 된 프랑스식 디저트를 즐길 수 있다. 현지 물가로는 사치품에 해

● 대형마트의 바게트 코너. 노점에서도 바게트를 쉽게 볼 수 있다.

당하지만 외국인 기준으로는 비교적 저렴한 가격이다.

마다가스카르에는 프랑스 문화에 익숙한 사람이 많다. 프랑스 유학파를 포함한 부유층 현지인과 프랑스 문화권 외국인이 많다 보니 대형마트에서 각종 치즈와 와인, 햄류와 푸아그라 등 프랑스식 식재료를 쉽게 구할 수 있다. 프랑스 직수입 제품도 있지만 마다가스카르 현지에서 생산된 치즈, 푸아그라도 가격 대비 품질이 나쁘지 않다.

한식을 즐기는 마다가스카르 사람들

타나에는 한국인이 운영하는 한식당이 10군데 이상 있다. 대부분 개인 식당이지만 본죽• 브랜드가 진출해 타나에서 네 개의 지점을 운영하고 있다.

한식당은 한국 교민들과 한국인 여행자들의 사랑방 역할도 하지만 K-팝, K-드라마 등의 한류 열풍을 타고 마다가스카르 중산층 사이에서도 찾는 사람이 늘고 있다. 김밥, 라면, 치킨 등의 메뉴는 젊은 층에 인기가 많고, 비빔밥이나 불고기류도 마다가스카르 중산층이 많이 찾는 메뉴이다.

쌀밥과 국, 반찬이라는 구성, 금기 없이 다양한 식재료를 활용하는 조리 방식 등 마다가스카르의 음식 문화와 공통점이 많기 때문에 한식을 더 친근하게 받아들이는 것 같다.

한식보다 좀 더 넓게 퍼져있는 아시아 음식은 중식이다. 아프리카 어느 나라나 그렇지만 마다가스카르에도 중국인들이 깊숙이 자리 잡고 있어 고급 호텔 식당부터 저렴한 길거리 식당까지 다양한 중식당을 쉽게 찾을 수 있다. 반면 일식은 식재료도 구하기 어렵고 인지도도 낮아 아직은 낯선 음식으로 남아있다.

• 수익 사업을 위해 진출한 것은 아니고, 한 선교사님이 현지인들의 일자리 창출과 직업 교육 차원에서 운영하고 있다.

마다가스카르에 진출한 KFC

마다가스카르 최초의 다국적 프랜차이즈는 2019년에 문을 연 KFC이다. KFC 개장 행사는 장관과 미국대사는 물론 안드리 라조엘리나 대통령이 참석한 가운데 신문 1면을 장식할 만큼 큰 이벤트였다.

치킨버거 세트 가격은 약 6,000원으로 고급 호텔의 주요리 가격이 1만 원이 안 되는 것을 생각하면 상당히 비싼 편이다. 그럼에도 개장 몇 달 동안은 1시간씩 줄을 서야 먹을 수 있는 진풍경이 벌어지기도 했다.

현재 타나에는 KFC 2호점이 개장한 상태이다. 마다가스카르 내 외국인과 중산층 인구가 늘어나면 다른 글로벌 브랜드들도 진출하지 않을까 싶다.

● 마다가스카르 최초의 글로벌 프랜차이즈, KFC 개점식. 가운데가 마다가스카르 대통령, 맨 왼쪽이 미국대사

마다가스카르의 다양한 종교

마다가스카르의 종교 분포는 조사 기관마다 수치가 달라 정확히 알기는 어려우나 기독교의 비중이 높은 것은 확실하다. 퓨 리서치센터의 2022년도 조사에 의하면 기독교(가톨릭과 개신교 모두 포함)가 85퍼센트, 이슬람교가 3퍼센트, 전통 종교가 4.5퍼센트, 종교 없음이 6.9퍼센트로 나타났다. 반면 이슬람 지도자들은 이슬람 인구가 전 국민의 15~25퍼센트라고 주장한다. 또 다른 통계*World Religion Database*에서는 기독교도 인구를 58퍼센트 정도로 보고 있다.

종교 분포는 지역에 따라 차이를 보인다. 중앙 고원지대에서는 기독교 인구가 압도적이며, 아랍 상인들이 거주했던 북서부와 남동부 해안 지역에는 이슬람교도의 비중이 상대적으로 높다.

기독교

타나와 인근 주민 대부분은 기독교도이며, 가톨릭과 개신교의 비중은 비슷하다. 일요일 아침 타나 근교 시골 마을에 가면 마을 주민 모두가 곱게 차려입고 교회에 가는 모습을 볼 수 있다.

기독교는 마다가스카르에 처음 상륙한 포르투갈인과 프랑스인들이 지역 주민들에게 가톨릭을 소개하며 시작되었으나 성과는 크지 않았다. 본격적인 기독교 선교는 19세기 초 런던선교사회의 개신교 선교로 시작되었다. 런던선교사회는 교육선교에 큰 힘을 쏟아 1818년 토아마시나에 첫 근대학교를 설립했으며, 이후 라다마 1세의 요청으로 1820년 왕궁 내에 학교를 설립하고 왕족을 교육하기도 했다. 1822년에는 말라가시어를 알파벳으로 표기하는 방법을 개발해 성경 번역을 시작했다. 1825년 메리나 귀족에 대한 근대 교육이 의무화되면서 1829년에는 38개 학교에서 4,000명을 교육하는 성과를 거두었다.

라다마 1세의 뒤를 이은 라나발루나 1세 때는 기독교 탄압으로 많은 순교자가 발생했다. 라나발루나 1세도 처음에는 선교에 방임적인 자세를 취했으나 1831년 마다가스카르 세례교인이 100명을 돌파하고 개종자가 점차 늘자 기독교 탄압으로 돌아섰다. 만민 평등과 유일신 사상을 기본으로 하는 기독교가 널리 퍼지면 전통 종교와 조상 숭배 문화가 방기되고 그러한 전통에 기반하고 있는 왕권이 약화될 것을 우려했기 때문이다.

● 마다가스카르 최대 규모의 안도할로 성당

1831년에는 마다가스카르인의 예배 참석이 금지되었고, 1835년에는 여왕이 직접 마다가스카르인의 기독교 신앙을 금지하는 칙령을 선포했다. 이후 기독교도에 대한 투옥, 고문, 사형 등 탄압이 본격화되었고 이에 많은 선교사가 마다가스카르를 떠나야 했다. 여왕궁 인근의 돌바닥 40~50미터 위에 15명의 기독교 지도자를 매단 채 배교를 요구하고, 이를 거절하면 줄을 끊어 처형하는 일도 있었는데 지금은 그 자리에 순교를 기념하는 안도할로*Andohalo* 성당이 건축되어 있다.

그 뒤를 이은 라다마 2세는 다시 종교의 자유를 선포했고, 라나발루나 2세와 라이닐라이아리부니 총리는 1869년 결혼식 날 세례를 받았다. 이후 왕실을 중심으로 19세기 후반까지 메리나 부족의 개종이 대규모로 이루어졌다.

가톨릭 선교는 1896년 프랑스가 마다가스카르를 식민지화하면서 활성화되었다. 선교 초기 개신교가 메리나 부족과 귀족 중심으로 전파되었지만 가톨릭은 해안지대와 평민을 중심으로 전파되었다. 이후에는 프랑스 문화에 친숙한 상류층으로도 퍼져나갔다.

현 대통령인 안드리 라조엘리나 가족은 독실한 가톨릭 신자이다. 2019년 9월에는 프란치스코 교황이 마다가스카르를 방문해 약 150만 명의 신자와 야외 미사를 봉헌하기도 했다.

이슬람교

마다가스카르의 이슬람교도는 대부분 수니파로, 아랍계나 인도-파키스탄계, 코모로 출신이 다수이다. 최근에는 말레이-인도네시아계 이슬람교도도 늘고 있다. 이는 이슬람 사원이 빈민 구제와 같은 자선 사업에 적극적으로 나서기 때문으로 보인다.

마다가스카르 헌법은 종교의 자유를 보장하고 있으나 아무래도 소수 종파인 만큼 이슬람교도들은 생활 속에서 이런저런 차별을 겪는다고 한다. 그래도 종교 간 무력 충돌 같은 큰 갈등은 없는 편이다.

조상 숭배와 전통 종교

마다가스카르에는 조상 숭배를 핵심으로 하는 전통 신앙이 굳건해서 스스로를 기독교도라고 여기는 사람들도 조상 숭배나 무속 행위를 많이 한다.

마다가스카르의 조상 숭배는 우리나라와도 비슷한데 땅에 묻힌 조상이 산 자에게 복이나 벌을 준다고 믿는다. 결혼 날짜를 잡거나 집을 사는 등 중대사를 결정할 때 마을의 샤먼을 찾아 조상의 뜻을 묻기도 한다. 종교적인 의미를 떠나 조상에게 경의를 표해야 자손이 잘된다고 믿는 사람도 많다.

힌두교

힌두교도는 0.06퍼센트에 지나지 않으나 부유한 인도계 마다가스카르인들 사이에서 신자가 많다. 최근에는 인도가 마다가스카르의 주요 무역 파트너가 되면서 마다가스카르 내 힌두교도들의 존재감도 조금씩 커지고 있다. 2022년 7월에는 타나 시내 중심부에 대규모 힌두교 사원이 문을 열기도 했다.

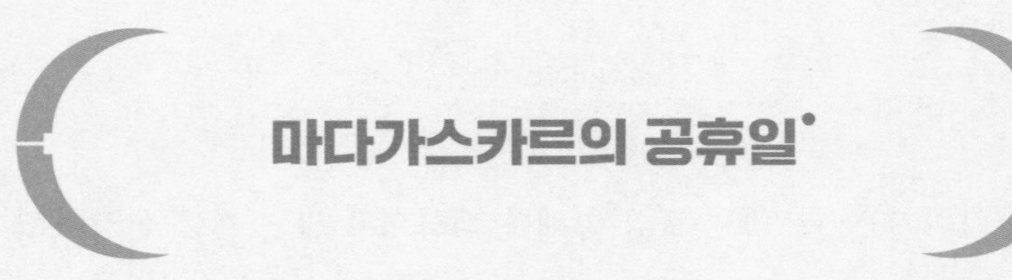

마다가스카르의 공휴일•

마다가스카르의 공휴일은 대부분 기독교 축일이다. 그렇지만 종교의 자유, 정교 분리 원칙이 있는 나라답게 이슬람 축일도 공휴일로 지정하고 있다. 또한 우리나라 삼일절, 광복절과 마찬가지로 해방운동 및 독립과 관련된 공휴일도 있다.

1월 1일 신정

다른 여러 나라와 마찬가지로 새해 첫날인 1월 1일은 공휴일로 지정되어 있다.

3월 8일 여성의 날

유엔이 지정한 세계 여성의 날은 우리나라에서는 잘 알려지지 않았지만 마다가스카르에서는 공휴일로 지정하고 있다. 이날 남자들은 아내나 어머니, 여자 형제는 물론 직장 동료나 친구까지 주변 여성들에게 장미꽃을 나눠준다.

• 2024년 기준

3월 29일 순교자의 날

순교자의 날은 말라가시 봉기, 즉 1947년부터 1949년까지 이어진 무장 독립 투쟁의 시작일을 기념하는 날이다. 우리나라의 삼일절과 비슷하다.

4월 1일 부활절 월요일(매년 변동)

기독교 휴일 중 일부는 부활절을 기준으로 매년 날짜가 달라진다. 부활절이 '춘분 이후 가장 빠른 보름달이 뜨는 날 이후의 첫 번째 일요일'이기 때문에 그다음 날인 월요일을 부활절 월요일*Easter Monday*로 기념해 휴일로 지정한다.

4월 10일 이슬람 라마단 종료일(매년 변동)

라마단 종료일은 이슬람력 10월 1일로, 이슬람교도의 의무인 약 30일간의 라마단 단식이 끝나는 것을 기념하는 날이다. 아랍어로 '이드 알 피트르*Eid al Fitr*'라고 하는데 아랍어로 이드는 '축제', 피트르는 '단식'이라는 뜻이다.

5월 1일 노동절

우리나라에서 노동절은 근로자 법에서 규정하는 근로자만 쉬는 날이지만(공무원법의 적용을 받는 공무원, 근로 계약이 아닌 도급 계약 등으로 일하는 특수 고용직은 원칙적으로 쉬지 않는다) 마다가스카르와 유럽 및 대부분의 제3세계는 노동절을 휴일로 지정해 놓았다.

5월 9일 주님승천대축일(매년 변동)

부활절 후 40일째 되는 날로, 예수 그리스도가 부활해 하늘로 돌아간 날을 기념하는 날이다.

5월 20일 성령강림절 월요일(매년 변동)

부활절 후 50일째 되는 날로 '오순절'이라고도 한다. 예수 그리스도의 부활 이후 초대 교회 성도들에게 성령이 강림한 것을 기념하는 날이다.

6월 16일 이슬람 희생절(매년 변동)

라마단이 끝나는 날로부터 두 달 열흘째 되는 날로 아랍어로는 '이드 알 아드하*Eid al Adha*'라고 한다. 우리에게는 낯선 기념일이지만 사실 내용을 알고 보면 너무나 익숙한 날이다. 바로 아브라함이 하나님을 위해 아들을 죽일 결심을 했으나 천사 가브리엘의 만류로 아들 대신 양을 잡아 바친 것을 기념하는 날이기 때문이다. 지금도 많은 이슬람교도가 양을 잡거나 구입해 이웃과 나누는 풍습을 지키고 있다.

6월 26일 독립기념일

1960년 6월 26일 마다가스카르가 프랑스로부터 완전히 독립한 것을 기념하는 날로, 우리나라의 광복절에 해당한다. 매년 6월이 되면 마다가스카르 시내 곳곳에서 마다가스카르 국기를 팔고, 6월 26일에는 마다가스카르 최대 경기장에서 성대한 독립기념일 행사가 열린다.

8월 15일 성모승천일

성모 마리아의 승천을 기념하는 날이다.

11월 1일 만성절

축일이 따로 없는 모든 성인을 기념하는 날이며, 그 전날이 핼러윈이다.

12월 25일 성탄절

예수 그리스도의 탄생을 축하하는 날이다. 화려하진 않지만 여기저기 조명 장식을 설치하기도 하고 쇼핑몰에는 산타 간판이 세워지기도 한다.

함께 생각하고 토론하기

마다가스카르에는 '파디'라는 관습이 있습니다. 또 죽은 이의 시신을 매장했다가 몇 년 후 무덤에서 꺼내어 유골을 정리한 후 비단 천에 싸서 어깨에 짊어지고 마을을 행진하는 '파마디하나'라는 특이한 풍습도 있습니다. 외부인의 시선으로 이해하기 힘든 이런 풍습은 사회를 규율하고 구성원 간의 결속을 강화하는 순기능으로 시작하지만 시간이 흐르면서 사회에 불필요한 부담을 주기도 합니다.

● 마다가스카르에서 '파디'를 접한다면 어떻게 대응하는 것이 좋을지 이야기를 나누어 봅시다.

마다가스카르의 문화는 큰 충돌 없이 여러 사회의 문화적 영향을 동시에 받으면서 조화롭게 발전해 왔습니다. 우리나라는 오랫동안 스스로를 '단일한 문화'를 가진 '단일 민족'으로 여겨 왔지만 사실 우리나라의 문화도 서로 다른 문화가 오랫동안 유입되면서 만들어졌습니다.

● 국제결혼, 이주 노동자의 증가 등으로 외부 문화의 유입이 점점 가속화되고 있는 상황에서 외부 문화를 충돌 없이 수용하기 위해 어떤 노력을 해야 하는지 이야기해 봅시다.

5부

여기를 가면 마다가스카르가 보인다

"사랑을 무섭게 쏟아진 후 재빨리 사라지는

폭풍우처럼 하지 않기를."

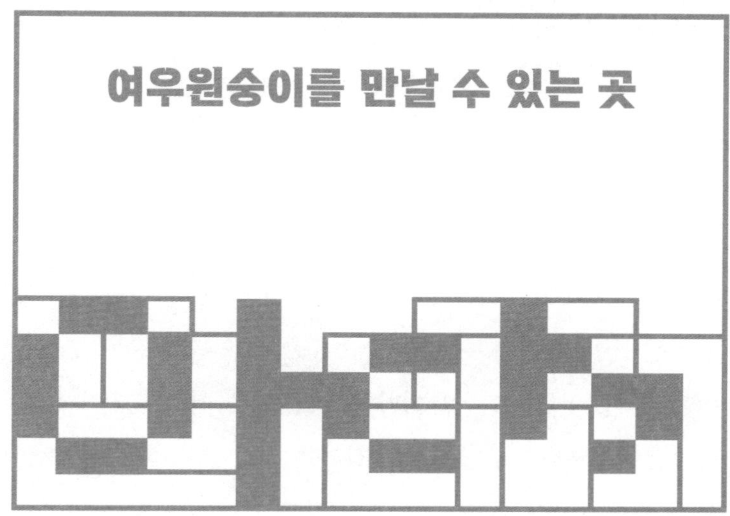

여우원숭이를 만날 수 있는 곳

마다가스카르의 상징인 여우원숭이를 보려면 어디로 가야 할까? 타나에서 가장 쉽게 갈 수 있는 곳은 타나 시내에 있는 침바자자 동물원*Tsimbazaza Zoo*이다. 하지만 관리 상태가 부실하고 우리도 좁아 이 동물원의 여우원숭이를 보면 귀엽다는 생각보다는 안쓰럽다는 생각이 먼저 든다.

타나에서 차로 30분 정도 거리에 있는 리머 파크*Lemur Park*에 가면 좀 더 편안한 마음으로 여우원숭이를 볼 수 있다. 이곳은 마다가스카르의 자연과 동식물 보호에 뜻이 있는 부부가 운영하는 자연공원으로 소정의 입장료를 내면 가이드의 안내를 따라 1시간 정도 둘러볼 수 있다. 아홉 종류의 여우원숭이가 뛰어노는 모습뿐만 아니라 카멜레온, 거북이 등 희귀 동물과 다양한 마다가스카르 고유 식물들을 관찰할 수 있다.

여우원숭이의 천국, 안다지베 만타디아 국립공원

타나에서 150킬로미터 거리에 있는 안다지베 만타디아 국립공원*Andasibe-Mantadia National Park*에 가면 좀 더 많은 여우원숭이를 볼 수 있다. 도로 상태가 좋지 않고 마지막 구간은 비포장도로여서 이동 시간이 오래 걸리는 것만 빼면 흠잡을 데 없는 국립공원이다. 국립공원 가는 길에 보이는 풍광은 아름답고 국립공원의 울창한 숲의 공기는 상쾌하다. 국립공원에서는 다양한 가이드 투어 프로그램을 운영하는데 개인의 체력과 관심사에 따라 2시간에서 3일까지 일정에 맞는 프로그램을 선택할 수 있다. 여우원숭이를 비롯한 마다가스카르의 다양한 동식물을 볼 수 있다.

자연 상태에서 즐겁게 뛰어놀며 장난치는 여우원숭이들을 보면 요샛말로 '귀염사(귀여워서 죽는다는 뜻의 줄임말)'가 이런 때 쓰는 표현인가 싶다. 생태계에 부담을 주지 않는 범위 내에서 가이드의 도움을 받아 여우원숭이에게 바나나 같은 먹이를 줄 수도 있고 여우원숭이와 함께 인생 샷을 건질 수도 있다. 하지만 나무 위를 뛰어다니는 여우원숭이들은 언제든지 실례(!)를 할 수도 있으니 모자를 꼭 착용하기를 권한다.

● 머리 위에 앉은 알락꼬리여우원숭이

● 사람을 무서워하기는커녕 눈싸움을 하는 흑백목도리여우원숭이

● 마다가스카르 고유종인 토마토개구리. 토마토처럼 빨간색이라 붙은 이름이다.

장엄한 바오밥 거리, 무룬다바

바오밥 거리는 마다가스카르에서 가장 유명한 관광지이지만 타나에서 차로 13시간 또는 비행기로 1시간 거리에 있어 방문하기 쉽지 않은 곳이다. 그러나 마다가스카르를 여행하는 사람이라면 사실 타나보다는 무룬다바에서 더 많은 시간을 보내고 싶을 수도 있다.

무룬다바는 크게 세 구역으로 나뉘는데 공항과 연결되어 있는 시내, 외국인들에게 인기 있는 숙박 시설이 자리한 무룬다바 비치 그리고 관광객들의 필수 방문지인 바오밥 거리이다.

차로 이동하든 비행기로 이동하든 무룬다바에 도착하기 전 이미 멀리서 또는 하늘에서 바오밥나무를 마주한다. 황량한 대지 위에 우뚝 서 있는 거대한 바오밥나무는 사진으로 많이 접

● 바오밥 거리의 석양

했더라도 순간 탄성이 절로 나온다. 온 도시에서 바오밥나무를 볼 수 있지만 바오밥 거리는 특히 길 양쪽으로 바오밥나무가 늘어서 있어 더욱 특별하다.

이곳은 저녁노을도 아름다운 곳이므로 낮에 한 번, 해 질 녘에 한 번 가보기를 권한다. 물론 부지런한 여행자라면 해 뜰 때 한 번 더 들러보는 것도 좋다. 딱히 다른 볼거리가 있는 건 아니지만 바오밥나무를 바라보는 것만으로도 시간 가는 줄 모르게 되는 곳이다. 해 질 녘의 시간은 짧기 때문에 미리 시간을 확인하고 여유 있게 출발해야 노을에서 해가 넘어가는 순간까지의 풍경을 온전히 즐길 수 있다.

바오밥 거리에 다다르면 갑자기 태극기와 한글 간판이 눈에

● 무룬다바의 싱싱한 해산물

들어와 깜짝 놀랄 수도 있다. 바로 사진작가 신미식 님이 건립해 지역에 기증한 '꿈꾸는 도서관'이다. 작지만 평화로운 무룬다바에서 많은 사람이 꿈을 꾸고 그 꿈을 이루어가기를 바라는 마음이 담긴 곳이다.

무룬다바의 시내는 주민들의 일상적인 생활 터전으로, 마다가스카르의 다른 소도시들과 크게 다르지 않다. 해안가에는 외국인 여행자들을 위한 고급 리조트부터 저렴한 숙소까지 다양한 숙박 시설이 자리하고 있다. 또한 해안 지역인 무룬다바에서는 싱싱한 해산물, 특히 팔뚝만 한 랍스터와 다양한 해산물을 저렴한 가격에 마음껏 즐길 수 있다.

환상의 섬, 노지베

말라가시어로 노지*Nosy*는 '섬', 베*Be*는 '크다'는 뜻이니 노지베는 말 그대로 '큰 섬'이라는 의미이다. 서울의 절반 정도 크기인 이 섬은 마다가스카르 본토가 아닌 부속 도서 중에서 가장 큰 섬이다. 노지베는 사시사철 따뜻하며 아름다운 해변이 끝없이 펼쳐져 있고 다양한 리조트가 있다. 특히 안딜라나 비치는 투명한 물과 하얀 모래사장이 자랑거리로 썰물 때 드러나는 500~600미터에 이르는 모래밭은 장관을 이룬다.

노지베의 성수기는 5~10월 건기 시즌으로 유럽의 여름휴가 기간과 겹쳐 저렴한 비용으로 아름다운 바다를 즐기려는 유럽의 가족 단위 여행객들이 대거 몰려든다. 규모가 큰 리조트 중 하나인 안딜라나 비치 리조트는 이탈리아 요리사가 선보이는

● 노지베의 안딜라나 비치. 조석 간만의 차가 커서 썰물 때는 바다 한가운데까지 걸어 나갈 수 있다.

정통 이탈리아 요리를 맛볼 수 있는 곳으로 유명하다. 성수기에는 이탈리아 주요 도시에서 출발하는 직항 전세기편이 운행되는데 아예 항공사 직원들이 리조트 로비에서 체크인을 진행하는 진풍경이 펼쳐지기도 한다.

마다가스카르가 가진 천혜의 관광 자원, 특히 아름다운 바다를 어떻게 개발하는 것이 좋을지에 대해서는 여러 의견이 있다. 대규모 리조트를 건설하거나 해외 관광객을 유치하는 것이 과연 환경 보호와 지역 주민의 삶의 질 향상에 이익이 되는지는 고민해 볼 문제이다. 그러나 개인적으로는 현재의 마다가스카르 상황에서는 더 많은 휴양 시설이 들어와서 인프라가 개선되고 현지인들의 일자리를 창출하는 게 무엇보다도 중

● 안짜니시아 리조트에서 주선해 준 소달구지 체험

요하다고 생각한다. 최근에는 환경을 고려하는 여행객도 늘고 있어 마다가스카르 환경을 보존하는 방식의 관광 시설 개발도 얼마든지 가능하다.

가족과 함께 친환경 리조트를 표방하는 마하장가 인근의 안짜니시아 리조트에 간 적이 있다. 그곳은 지역 주민을 우선으로 고용하고 리조트 내 식재료도 현지에서 조달하며 관광 상품도 지역 주민들에게 최대한 혜택이 돌아가도록 개발하고 있었다. '소달구지 마을 체험'을 신청했더니 동네 이장님이 소달구지를 몰고 와 마을 한 바퀴를 돌았다. 리조트 덕분에 마을에 수도와 보건소와 학교가 생겼다는 이장님의 자랑이 듣기 좋았다.

낭만 가득
이잘루 국립공원 가는 길

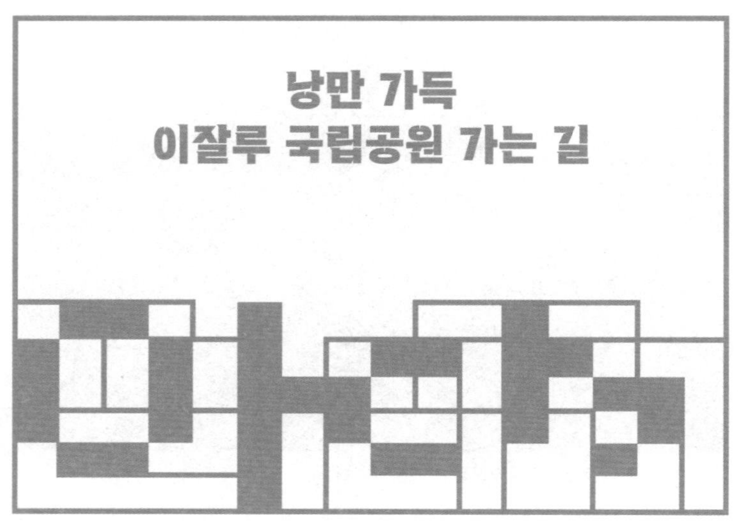

마다가스카르 여행의 진수, RN7 로드 트립

마다가스카르를 제대로 여행하려면 RN7을 따라 떠나는 자동차 여행을 추천한다. 타나에서 출발해 안치라베, 라노마파나 국립공원, 피아나란추, 이잘루 국립공원을 지나 똘리아라까지 갈 수 있다. 이잘루 국립공원을 지나 똘리아라로 가는 길에는 사파이어 채굴로 형성된 도시 일라카카를 볼 수도 있다.

RN7을 제대로 보려면 최소 10일에서 2주 정도 소요되는데 외국인 관광객을 위해 다양한 투어 프로그램이 개발되어 있어 선택의 폭도 넓다. 만약 개인으로 여행을 계획한다면 직접 운전하는 것보다는 현지 기사나 가이드를 고용하는 것이 안전하다. RN7은 마다가스카르 도로 중에서는 비교적 잘 정비된 편이지만 중간중간 길이 끊긴 경우도 있고 휴대전화 사용이 불가능한 구간도 많기 때문이다.

기암괴석과 생물 다양성의 향연, 이잘루 국립공원

RN7 자동차 여행의 하이라이트는 마다가스카르의 그랜드 캐니언으로 불리는 이잘루 국립공원이다. 이곳은 1962년 일찍이 국립공원으로 지정되었으며 마다가스카르에서 방문객이 가장 많은 국립공원이기도 하다.

사암 지대에 위치한 이잘루 국립공원은 바람과 물의 침식 작용으로 만들어진 기암괴석이 유명하다. 국립공원 내에서는 마다가스카르 고유종을 포함한 다양한 희귀 동식물이 서식하며 이곳에서만 볼 수 있는 식물도 13종이나 된다.

기암괴석 외에도 국립공원 안에는 트레킹을 할 수 있는 울창한 숲도 있고 맑은 개울에서 수영도 할 수 있다. 국립공원 내에서는 지역 가이드를 동반한 투어만 허용되는데 투어 코스는 몇 시간부터 1주일 이상까지 원하는 대로 정할 수 있다. 물론 워낙 넓은 지역이므로 개인적으로 들어간다고 해서 제지당하지는 않지만 우리나라 국립공원처럼 길이 잘 표시된 것이 아니기 때문에 안전을 위해서라도 가이드와 동반하는 것이 좋다.

● 이잘루의 풍경들

한 가지 안타까운 것은 산불로 인해 이잘루 국립공원의 숲이 파괴되는 일이 종종 발생하고 있다는 것이다. 이 지역은 바라 부족의 거주지로 제부 유목을 위한 목초지를 만들기 위해 일부러 불을 내는 관습이 있기 때문이다. 환경 파괴는 있어서는 안 될 일이지만 현지 주민들로서는 오랫동안 이어온 삶의 방식이기도 하고 당장 생활이 어려워 호구지책으로 저지르는 일이어서 도덕적으로 비난하기는 쉽지 않다.

이잘루 국립공원이 자연 친화적인 방식으로 개발되어 더 많은 사람이 마다가스카르의 아름다움을 느낄 수 있고 동시에 지역 주민들에게도 좋은 일자리가 더 많이 주어질 수 있기를 희망한다.

유네스코 세계 문화유산, 암부이망가

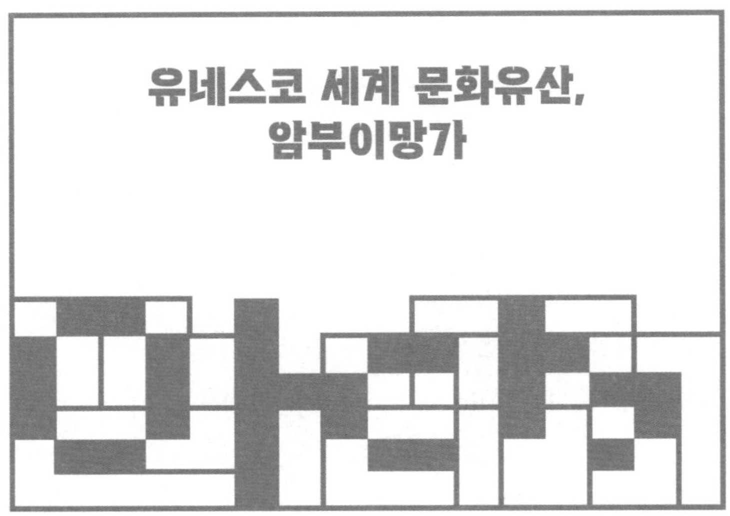

타나 근교의 대표적인 관광지로는 옛 메리나 왕국의 왕궁이 자리 잡고 있는 암부이망가를 꼽을 수 있다. 암부이망가는 말라가시어로 '푸른 언덕'이라는 뜻이다.

마다가스카르 통일의 기반을 닦은 메리나 왕국의 남뿌이나 왕의 궁전이 자리 잡고 있는 암부이망가 일대는 유네스코 세계 문화유산으로 잘 관리되고 있으며 둘레길도 관광 코스로 개발되어 있다.

암부이망가에 도착하면 2층으로 된 망루 같은 큰 문이 먼저 방문객을 맞이한다. 이 문을 지나 10분 정도 걸어가면 메리나 왕국의 왕궁이 나타난다. 처음 나타나는 평평한 마당은 왕이 신하와 백성을 만나던 곳이었다고 한다. 마당에는 커다란

● (위) 암부이망가성 들어가는 입구. 제단에 놓여진 제부의 머리뼈가 보인다. (가운데) 암부이망가 성곽. 적이 쳐들어오면 오른쪽의 바위를 굴려 문을 막았다. (아래) 왕궁에서 타나 인근 일대가 한눈에 내려다보인다.

나무들이 있으며, 그 아래에는 제물로 바쳐졌던 제부의 머리뼈가 놓여있다.

궁전 내부로 들어가면 왕의 처소, 왕비의 처소, 손님맞이 공간 등을 볼 수 있다. 왕의 처소는 5평 남짓한 단칸방으로 왕의 처소라기보다는 소박한 부족장의 집 같은 느낌을 준다. 천장이 방의 규모에 비해 매우 높은 편인데 방 한쪽에는 위로 올라갈 수 있는 나무 기둥이 있다. 전해지는 이야기로는 손님이 방문하면 남뿌이나 왕은 기둥 위로 올라가 그가 위험하지는 않은지 확인한 후 내려왔다고 한다.

마다가스카르 전통 양식으로 지어진 궁전 외에도 근대화 이후 유럽식으로 새로 건축한 궁전도 남아있다. 규모가 크거나 화려하지는 않지만 내부는 나름대로 정교하게 장식되어 있다. 궁전 안뜰에는 왕비의 목욕탕과 제물로 쓸 제부를 씻기던 장소도 있어 당시의 생활상을 생생히 느낄 수 있다.

함께 생각하고 토론하기

마다가스카르의 옛 왕궁이 자리 잡고 있는 암부이망가는 유네스코 세계 문화유산으로 등재되어 복원과 관리 등의 지원을 받고 있습니다. 우리나라 역시 유네스코 회원국으로서 적지 않은 기여금을 내고 있는데 이 중 일부가 마다가스카르의 문화유산 보존에 쓰이고 있는 것입니다.

● 다른 나라, 특히 개발도상국의 문화유산 보존을 위해 우리나라를 포함한 선진국이 기여금을 내는 이유가 무엇인지 이야기해 봅시다.

●● 전 세계 수많은 문화유산 중 유네스코 세계 문화유산으로 지정되는 것에는 어떤 특징이 있는지 살펴보고, 우리나라 유적이나 문화재 중 유네스코 세계 문화유산으로 등재될 만한 것을 추천해 봅시다.

마다가스카르에서 여행을 다닐 때는 여러 감정이 복합적으로 밀려듭니다. 경이로운 대자연에 대한 감탄, 신기한 동식물에 대한 호기심, 지역 주민들의 어려운 생활에 대한 안타까움 등. 내가 관광지에서 쓰는 비용이 마다가스카르 주민들에게 혜택으로 돌아갔으면 하는 바람이 있으면서 동시에 내가 여기에서 환경을 파괴하고 있는 것은 아닌지 걱정이 되기도 합니다.

● 마다가스카르만 아니라 전 세계적으로 지속 가능한 관광에 대한 관심이 높아지고 있습니다. 마다가스카르의 환경보호와 경제 발전에 동시에 기여할 수 있는 관광 정책은 어떤 것이 있는지 이야기해 봅시다.

●● 개발도상국을 여행할 때 어떤 마음가짐을 가져야 하는지 이야기해 봅시다.

에필로그

마다가스카르 속의 한국, 한국 속의 마다가스카르

아프리카에는 1만여 명의 한국인이 살고 있고 마다가스카르에도 200여 명이 거주하고 있다. 암바토비 니켈 광산 근무를 위해 한국에서 파견 나온 주재원들 외에도 광업, 무역업, 제조업, 식당, 관광 안내 등 개인 사업을 하는 분도 많고, NGO 활동이나 선교 목적으로 나와 있는 분도 많다.

1993년 재수교 이후 30년 동안 마다가스카르에서 한국의 존재감은 꾸준히 커지고 있다. 암바토비 광산 개장, 2016년 한국대사관 개관, 2018년 초대 대사 파견 등을 통해 양국 간 교류가 활발해졌으며 한국 문화와 영향력이 깊숙이 스며들고 있다.

K-팝과 K-드라마는 마다가스카르에서 큰 인기를 끌고 있으며, 태권도와 한글을 배우고자 하는 사람도 꾸준히 늘고 있다. 특히 매년 열리는 K-팝 월드 페스티벌 예선전은 현지에서 큰 행사로 자리 잡았다. 이 예선전은 마다가스카르에서 가장 큰 극장을 가득 메울 정도로 관객들의 열기가 뜨겁고, 현지 방

송국에서 정규 프로그램으로 방영될 정도로 대중적인 관심을 받고 있다.

마다가스카르의 K-팝 열기는 2017년과 2019년 K-팝 월드 페스티벌 결승 진출로도 확인할 수 있다. 세계 여러 나라가 참가하는 이 대회에서 결승에 진출하지 못하는 큰 나라도 많다는 점을 고려하면 마다가스카르에서의 한국 문화 팬층이 얼마나 두꺼운지 실감할 수 있다.

하지만 마다가스카르 사람들이 한국에 대해 가장 큰 관심을 갖고 있는 것은 '한국의 개발 경험'이다. 1968년까지 마다가스카르보다 못 살았던 나라, 강대국의 식민 지배를 받던 나라가 지금의 경제 대국을 건설했다는 사실 자체가 '우리도 한국처럼 될 수 있다'는 희망의 메시지이기 때문이다.

그러나 한국 내에서 마다가스카르에 대한 관심은 아직 미미한 상태이다. 2024년 〈태어난 김에 세계 일주〉라는 프로그램 촬영이 마다가스카르에서 이루어지면서 반짝 관심을 끌기는 했지만 지금까지 우리나라에서는 마다가스카르만 아니라 아프리카나 제3세계 전반에 대한 관심이 높지 않다.

우리는 왜 마다가스카르에 관심을 가져야 할까?

먼저, 마다가스카르에서 우리가 얻을 수 있는 것들이 있다. 미-중 간의 전략적 경쟁과 러시아-우크라이나 전쟁 등으로 지정학적 갈등이 심화되는 요즘, 원자재 공급과 상품 수출의 안정성을 확보하는 것은 점점 더 중요한 문제가 되고 있다. 니

● 예상치 않게 마다가스카르에서 만나는 한국, 한국 중고차가 많이 수입되는데 한국어 광고 문구를 굳이 지우지 않고 판매하는 경우가 많아 종종 깜짝 놀란다.

켈, 코발트, 흑연 같은 핵심 광물이 풍부하고 아직 개발되지 않은 비옥한 농토를 지닌 마다가스카르는 이러한 맥락에서 매우 중요한 파트너가 될 가능성이 크다.

게다가 인도-태평양 지역의 전략적 중요성이 높아지는 지금, 아시아와 아프리카를 연결하는 요충지에 위치한 마다가스카르의 지정학적 가치를 주목할 필요가 있다. 특히, 기존에 한국 섬유 기업들이 위치했던 국가들의 인건비가 상승하면서 새로운 대안을 찾는 사례가 많아지는 상황에서 인건비가 저렴한 동시에 미국과 유럽으로 수출할 때 관세 혜택을 받을 수 있는 마다가스카르는 이상적인 선택지가 될 수 있다.

하지만 무엇보다 중요한 것은 우리가 마다가스카르에 무엇

● 얼굴에 장난기가 가득한 마다가스카르 어린이들

을 줄 수 있는가에 대한 고민이다. 한국에 있으면 우리의 단점만 눈에 들어오고 우리가 얼마나 발전한 나라인지는 실감하기 어렵다. 그러나 마다가스카르 같은 제3세계 국가에 가면 독립 이후 우리가 이루어낸 성취를 체감하게 되고, 국제 사회에 기여해야 한다는 책임감을 느끼게 된다. 마다가스카르와 같은 세계에서 가장 가난한 나라에 대한 관심은 전 인류의 어려운 사람들을 향한 관심과 다르지 않다.

이 책을 통해 마다가스카르를 직접 경험해 보고 싶다는 마음이 들거나 아프리카와 제3세계에 대한 관심이 커졌다면 그것만으로도 큰 보람을 느낄 수 있을 것이다.

Thanks to

마지막으로 지금도 마다가스카르에서 쓰레기 마을을 진정한 행복마을로 바꾸기 위해 헌신하고 계신 이재한 목사님과 박춘란 선교사님, 한국에서 보장된 외과 의사로서의 편안한 삶을 포기하고 수십 년째 마다가스카르 오지에서 의술을 펼치면서 지금은 마다가스카르 오지 전문 의사 양성에 애쓰고 계신 마다가스카르의 슈바이처 이재훈 선교사님과 박재연 선교사님, 타나 어린이들을 위한 교육 사역으로 시작해서 지금은 마다가스카르에서 가장 척박한 남부 지역의 영양실조 어린이를 위한 사업까지 전방위적으로 활동하고 계신 기아대책 마다가스카르 지부의 박지은 선교사님, 마다가스카르에 클래식 음악을 보급하고 계신 김옥선 선교사님과 김준환 선교사님, 태권도를 통한 국위 선양에 힘쓰고 계신 이정무 정파 사범님, 마다가스카르 생활을 따뜻하게 만들어주시고 교민들을 알뜰살뜰 돌봐주신 원현희 전 한인회장님과 황종연 현 한인회장님, 한국 어린이들이 한국인의 정체성을 잊지 않도록 늘 애써주신 진희숙 한글학교 교장 선생님, 대사관 식구들과 교민분들 한 분 한 분께 감사드립니다. 스위스, 브라질, 마다가스카르에서 인도까지 전 세계를 누비는 나의 여정에 늘 소중한 동반자가 되어주는 남편 임상우 전 주마다가스카르 대사와 두 아들 영민이 정민이 그리고 자주 보지 못하지만 멀리서 항상 응원해 주시는 어머니께 감사와 사랑을 전합니다.

참고 자료

- 임상우, 《미션 마다가스카르》, 박영스토리, 2022
- Peter Tyson, 《Madagascar-The Eighth Continent: Life, Death and Discovery in a Lost World》, William Morrow, 2000
- Mervyn Brown, 《A History of Madagascar》, Markus Wiener Publishers, 2016
- 주마다가스카르대한민국대사관(https://overseas.mofa.go.kr/mg-ko/index.do?21079)
- 세계은행 데이터베이스(https://data.worldbank.org/)
- CIA World Fact Book(https://www.cia.gov/the-world-factbook/)
- 생물다양성협약(https://www.cbd.int/)
- UNICEF, Results of MICS(Multiple Indicator Cluster Surveys) 6 Madagascar, 2018(https://www.unicef.org/madagascar/en/node/1116)

사진 출처

p16 NASA, Visible Earth
p24 위키피디아, ©Hery Zo Rakotondramanana
p57 위키피디아, ©Hery Zo Rakotondramanana
p58 위키피디아, ©Heinonlein
p68 주마다가스카르대한민국대사관
p83 이정무
p84 이정무
p110 (좌) www.chocolaterierobert.com (우) https:// menakao.com
p111 위키피디아, ©Brian Arthur
p118 위키피디아, ©Peter Prokosch
p124 위키피디아, ©Techlang
p173 Association Fikambananan'ny Mpikabary Malagasy, FIMPIMA
p180 위키피디아, ©Hery Zo Rakotondramanana
p186 le Village 웹사이트
p188 (우) https://africa.si.edu/exhibits/malagasy/queens-gallery.html)
p190 위키피디아, ©Rob Hooft
p191 아날라말라 관광청
p198 마다가스카르 대통령실 홍보 사진
p201 위키피디아, ©HoneyGaLe

나의 첫 다문화 수업 16

있는 그대로 마다가스카르

초판 1쇄 발행 2024년 12월 30일

지은이 김민선

기획편집 도은주, 류정화
마케팅 조명구
표지 일러스트 엄지

펴낸이 윤주용
펴낸곳 초록비공방

출판등록 제2013-000130
주소 서울시 마포구 동교로27길 53 308호
전화 0505-566-5522 팩스 02-6008-1777

메일 greenrainbooks@naver.com
인스타 @greenrainbooks @greenrain_1318
블로그 http://blog.naver.com/greenrainbooks

ISBN 979-11-93296-79-0 (03930)

* 정가는 책 뒤표지에 있습니다.
* 파손된 책은 구입처에서 교환하실 수 있습니다.